班主任专业能力提升培训系列丛书

爱的智慧·理念篇
——班主任践悟有方

◎ 涂俊礼 著

机械工业出版社

在班级管理过程中，知其然还要知其所以然。本书从权力运用、制度建构、教育过程、角色定位、价值取向和家校互动六个方面进行剖析，理论联系实践，既高屋建瓴，有着深厚的学术意蕴，又如话家常，娓娓道来，为班主任专业成长提供了理论支撑。本书虽然以"班主任"冠名，但内容没有局限于"班主任"的职责范畴，书中的育人故事展现出的爱的智慧，不仅适合中小学、职业院校和高等院校等学校教育，也适用于家庭教育。

本书既可以作为学校班主任、辅导员、新入职教师的培训教材，也可以作为家长学习、提升的读物。

图书在版编目（CIP）数据

爱的智慧. 理念篇：班主任践悟有方/涂俊礼著. —北京：机械工业出版社，2022.11（2023.12重印）
（班主任专业能力提升培训系列丛书）
ISBN 978-7-111-71632-7

Ⅰ. ①爱… Ⅱ. ①涂… Ⅲ. ①班主任工作 Ⅳ. ①G451.6

中国版本图书馆CIP数据核字（2022）第174379号

机械工业出版社（北京市百万庄大街22号　邮政编码100037）
策划编辑：宋　华　　　　　责任编辑：宋　华　单元花
责任校对：张亚楠　王明欣　封面设计：鞠　杨
责任印制：张　博
北京中科印刷有限公司印刷
2023年12月第1版第2次印刷
169mm×239mm・10.25印张・174千字
标准书号：ISBN 978-7-111-71632-7
定价：39.80元

电话服务　　　　　　　　　网络服务
客服电话：010-88361066　　机 工 官 网：www.cmpbook.com
　　　　　010-88379833　　机 工 官 博：weibo.com/cmp1952
　　　　　010-68326294　　金 书 网：www.golden-book.com
封底无防伪标均为盗版　　　机工教育服务网：www.cmpedu.com

人们都说，爱是教育的起点，是教育的桥梁，是教育成功的种子。如果能用一句话来概括的话，那一定是：爱，是教育的灵魂。

习近平总书记2014年9月9日在与北京师范大学师生代表座谈时指出，做好老师，要有理想信念、要有道德情操、要有扎实学识、要有仁爱之心。尽管在我们学校里，绝大多数教师都是怀有仁爱之心的，但并非每一个教师都能在日常教学中，将心中的爱用言语正确表达、用行动正确表现，进而做出表率。有的教师确实本着育人之初心，却因采用的方式或方法不当，在言行上与学生产生矛盾、发生冲突，甚至酿成悲剧，教训不可谓不深刻。究其原因，就在于教师对学生、对班级的管理，还缺乏爱的艺术，或者说缺乏爱的智慧。

很多教师不是师范院校毕业的，在求学阶段没有系统地学习过教育学、心理学。有些教师即便是师范院校毕业的，在校期间也很少学习班级管理理论与实务。这样的教师在没有系统接受班级管理培训的情况下就匆匆上岗，当了班主任，面对新时代鲜活的学生个体，就只能"跟着感觉走"，班级管理工作往往是疲于应付，对如何当好班主任产生各种疑问。

令人欣慰的是，涂俊礼老师在他的丛书"爱的智慧"里，对此给出了令人满意的答案。涂老师长期担任班主任，将自己的思政专业学养主动融入班级管理之中，在"培养什么人、怎样培养人、为谁培养人"上下足了功夫，总结出了一套可借鉴、重实操的班级管理经验，这对职业教育乃至全学段教育来说，都是一件大喜事！

"亲其师才能信其道"。教育不仅需要爱心，更需要智慧。两者结合，便是爱的智慧。诚如涂俊礼老师在书中所言："爱心是班级管理的基础，智慧是班级管理的关键，缺一不可。"在爱学生的前提下，如何智慧地解决在班级管理中出现的各种问题，帮助学生健康成长才是关键。在2015年出版的《爱的智慧：班主任管理札记》中，涂俊礼老师以札记形式初步展现了他对班级管理中爱的智慧的思考。几年后推出的这套"爱的智慧"丛书，更是从实践、理念、成长、安全等方面进行了系统展示。

在《爱的智慧·实践篇》中，他从"描绘愿景""沟通学情""巧排座位""建构班风""选拔骨干""重视安全"六个维度展开，手把手教新任班主任带班。

在《爱的智慧·理念篇》中，他又围绕"权力运用""制度建构""教育过程""角色定位""价值取向""家校互动"进行剖析，寓朴素的理论于精彩的案例之中，既高屋建瓴，有着深厚的学术意蕴，又如话家常，娓娓道来。

在《爱的智慧·成长篇》中，他从"善学""善照""善行""善思""善享"五个维度结合自己的成长经历进行阐述，为班主任人生出彩提供借鉴。

管理班级，还必须用传统智慧。在书中，"天行健，君子以自强不息"等传统金句频出，无不契理契机。涂俊礼老师从传统文化的视角切入，将传统智慧融入班级管理之中，讲述了一个个闪烁着传统智慧的精彩案例，读来给人以启迪。

孟子有云："行有不得者，皆反求诸己。"时代在变，学生在变，我们常常感慨学生越来越难管。读了涂俊礼老师的书，我深切地体会到，不是学生难管，而是我们老师的教学艺术、爱的智慧还需要提升。在彰显文化自信的今天，涂俊礼老师从传统文化中汲取智慧，值得我们所有老师和班主任学习和借鉴。

实践共鸣，理念引领，成长鞭策，安全护航。读了涂俊礼老师"爱的智慧"丛书，受益匪浅，从中不仅能感受到涂老师亦师、亦父、亦兄、亦友般的亲切和那份发自肺腑的真挚情怀，而且能感受到涂老师这名来自一线、最接地气的德育专家的爱的智慧与深邃。

"问渠那得清如许？为有源头活水来。"参加工作二十多年来，涂俊礼老师一直坚定地行走在教育大道上，伴随着爱一路前行，也一路撒播着爱的种子。我期盼并坚信，涂老师的踏歌而行，必将开出爱的新花：春华秋实，再结硕果！

谨为序。

教育部职业教育发展中心

研究员

2015年3月,线上讲座"班主任履新亮剑六式"受到广泛好评。不少老师给我留言:"涂涂老师,听了您的讲座,收获真是太大了!您第一个专题讲的是'履新',那么接下来做什么呢?建议您开一个系列讲座。"

说实话,在设计"班主任履新亮剑六式"时,我就暗藏了这个想法。然而,当着手准备第二个专题讲座时我才发现,系列讲座谈何容易!班主任履新讲的是刚接手新班应该如何做。既然是系列讲座,接下来就应该讲班级工作基本稳定、班主任与学生也相对熟悉之后,班主任又该怎么做才是。

但是,这个时期应该叫什么呢?这直接关系到起一个什么样的标题。一个专题讲座的成功,首先是标题。如果标题起好了,接下来就顺畅了。纠结了好几天,一天夜里,我在辗转反侧之际,突然一个词就从脑海里冒了出来——"磨合期"。"履新"之后,不就是进入了"磨合期"吗?

刚开始接班时,因为班主任和学生互相不熟悉,双方都是小心翼翼的,这时班级管理工作算得上是"平稳推进"。难道这时候师生之间就没有矛盾了吗?有。只不过矛盾还没有暴露,或者说是还没有公开,仅仅是暗流涌动而已。

进入磨合期之后,班主任和学生之间的了解逐渐增加。与此同时,因为相对熟悉了,各自的工作、学习、生活习惯也都不再刻意掩饰。这样一来,矛盾也就开始明显增多了。

当然,进入"磨合期"时间的早晚以及持续时间的长短,会因班主任和所带班级的具体差异而不同。有的班级可能进入"磨合期"的时间早一点儿,持续时间长一点儿;有的班级可能进入"磨合期"的时间晚一点儿,持续时间短一点儿。但这一阶段是客观存在的,不会因为特殊情况而消失。

担任班主任多年,一想到在这一阶段师生之间发生的或明或暗的"较量",我多多少少还是有点儿后怕的。年轻班主任就更不用说了,遇到的问题可能更多。想到这里,我灵机一动:对,第二个专题讲座的题目就叫"磨合期的较量"。

我把这个想法说给爱人和儿子听，他们两个人，一个是思想政治理论课专业教师，一个是正处于青春期的学生，平时对我的专业成长帮助很大。没有想到，对"磨合期"这个词他们都很认同，只是建议"较量"一词在讲座中要解释一下，否则可能会引起歧义。

是啊！当我想到"较量"这个词时，首先想到的也是班主任与学生之间的"较量"。但我用这个词，用意不仅在于此。我认为，透过现象看本质，班主任与学生之间实际发生的各种各样的"较量"，都是班主任管理理念的反映，而班级管理过程中出现的各种问题，都源于管理理念上的不清晰。

在班主任采取管理行动之前，在内心深处理念上的"较量"已经开始了。例如，这个学生又犯错了，管不管呢？管的话，该怎么管，是"武力解决"，还是"循循善诱"？不管的话，又会怎么样？校规、班规该怎么制定才有利于学生成长？这个学生违反了校规，但情有可原，究竟应该如何处理？校规有的地方明显不合理，该怎么办？学生前一阵子还好，这一段时间又退步了，究竟是怎么回事？教育过程究竟是怎样开展的？在与学生的交往中，究竟应该以什么样的角色出现？究竟要把学生培养成什么样的人？学生犯了错，究竟要不要告诉家长？和家长该如何沟通？告诉了家长，如果家长打孩子怎么办？等等。在班级管理实践中，班主任与学生发生的矛盾冲突，仅仅是班主任这种内心"较量"的现实表现而已。

为此，我结合自身班级管理的实践，列出了六个方面的关键词：权力运用、制度建构、教育过程、角色定位、价值取向和家校互动。围绕这六个关键词，我一边设计课件，一边在线上开展公益讲座。这个讲座每周进行一次，六个关键词，共分六次讲完，前后进行了近两个月，与此同时，课也备了近两个月。

与"班主任履新亮剑六式"一样，"磨合期的较量"也获得了老师们的好评。每一次线上视频公益讲座，都吸引了很多老师参加。后来，随着线下讲座的推广，听众也从中职教师扩展为中小学教师、高职教师和大学教师。

2015年12月，我应陕西省一所大学邀请，为"陕西省中等职业学校'双师型'教师（班主任）培训班"做了两天的分享。课程结束后，一位老师反馈说："这是我这么多年听到的最好的学术报告之一，既有理论高度，又有实践经验。您的课是一场精神上的盛宴，您的课程很有吸引力。"听了院长介绍后，我才知道，

自　序

原来台下竟然坐着一位教育学博士。

这个反馈让我增强了自信，也让我进一步反思"磨合期的较量"这个专题讲座的价值所在。随着这个讲座越来越受欢迎，我突然意识到，这个讲座所涉及的六个关键词其实就是班主任带班育人能力提升的六个关键节点。班主任想清楚了这六个关键节点，带班育人就会轻松许多。为了让这个讲座适应单场次分享，我给"磨合期的较量"又起了一个名字"教师带班育人能力提升六追问"。

2017年8月，第一个专题讲座"班主任履新亮剑六式"整理出来以后，我又着手整理第二个专题讲座"磨合期的较量"。前后历时9个月，这才有了呈现在您面前的这本《爱的智慧·理念篇：班主任践悟有方》。

是为序。

序言
自序

第一章 权力运用
第一节 班主任的岗位职责与管理目标 // 002
第二节 班主任的权力基础 // 004
第三节 班主任如何运用手中的权力 // 012

第二章 制度建构
第一节 如何理解师本制度与生本制度 // 024
第二节 如何着眼生本建构或者重构制度 // 035
第三节 规定之外如何落实制度 // 044

第三章 教育过程
第一节 人的成长轨迹是什么样的 // 048
第二节 教育过程中知与行如何转化 // 051
第三节 教育过程的有效性三原则 // 061

第四章 角色定位
第一节 班主任角色重新定位的必要性 // 068
第二节 班主任角色应该如何定位 // 071
第三节 如何适时变换角色定位 // 086

第五章 价值取向
第一节 "成人"与"成器"辨析 // 090
第二节 从德育目标看教育价值取向 // 095
第三节 教育价值取向的理论溯源 // 105

第六章 家校互动
第一节 家校互动的常见误区 // 114
第二节 班主任如何与家长沟通 // 128
第三节 家长如何与孩子沟通 // 139

后记 // 154

第一章

Chapter 1

权力运用

班主任是天底下权力最小的"主任",每天管的都是些小事。但班主任似乎又是权力最大的"主任",想的都是人才培养、班干部调整等"大事"。可以说,小到一个学生的希望与未来,大到一个家庭的兴旺与发达,都与班主任的权力运用息息相关。

第一节　班主任的岗位职责与管理目标

学生在校期间，联系最多的人就是班主任。班主任角色在学生成长过程中可谓举足轻重。《中小学班主任工作规定》（教基一〔2009〕12号）指出，班主任是中小学的重要岗位，从事班主任工作是中小学教师的重要职责。《中等职业学校德育大纲（2014年修订）》（教职成〔2014〕14号）提出，要加强班主任队伍建设，选聘好班主任。《教育部关于加强高等学校辅导员班主任队伍建设的意见》（教社政〔2005〕2号）更是明确提出，要从战略和全局的高度，充分认识新形势下加强辅导员、班主任队伍建设的特殊重要性和紧迫性。由此可见，班主任岗位十分重要。但班主任究竟是干什么的呢？很多人对这个问题存在着模糊的认识，有必要加以澄清。厘清班主任的岗位职责与管理目标，是班主任正确运用手中权力、培育学生成长成才的前提。

一、岗位职责：管理，还是育人

学校为什么要设班主任？很多人认为，就是一个"管"字，认为学校设班主任的目的，就是管理学生。

一位校长说："在示范校建设中，我校邀请了不少专家来讲课，一般情况都是副校长主持，我很少参加。但培训班主任的课，我一定要参加。作为校长，我觉得有两支队伍必须重视：一是中层干部，二是班主任。中层干部是负责管理老师的，班主任是负责管理学生的。班主任把学生管好了，学校的综合治理、平安建设就有了保证。"

这位校长的想法有一定的道理。把学生管好是提高教育教学质量的基础。试想，如果连学生都管不好，教育教学工作还能顺利进行吗？如果再出现安全问题，后果更是不堪设想了。

的确，家长把孩子送到学校，安全上绝对不能出问题。因此，对学生加强管理，保证学生安全是底线，这个底线必须坚守。

但是，除了管理学生之外，班主任还有没有更重要的任务呢？当然有！那就是还要对学生进行思想道德教育。《中小学班主任工作规定》指出，班主任是中小学日常思想道德教育和学生管理工作的主要实施者，是中小学生健康成长的引领者，班主任要努力成为中小学生的人生导师。《中等职业学校德育大纲（2014年修订）》提出，班主任是组织班级管理和德育的直接实施者。《中共中央国务院关于进一步加强和改进大学生思想政治教育的意见》(中发[2004]16文)明确指出,辅导员、班主任是大学生思想政治教育的骨干力量,辅导员按照党委的部署有针对性地开展思想政治教育活动,班主任负有在思想、学习和生活等方面指导学生的职责。

事实上,上至校领导下至普通教师,大家对于德育工作的重要性都心知肚明。然而在现实工作中,德育工作可谓处境尴尬。究其原因就在于德育是个软指标,而成绩、技术、名次等都是硬指标。在中小学,学生要靠成绩升学,教师要凭成绩上岗,家长要看成绩赏罚;在职业院校,学生要拿技术就业,学校要凭大赛扬名,上级要看名次赏罚;在高等院校,相对于专业教育而言,德育工作也往往被弱化。

2018年5月,习近平总书记在与北京大学师生座谈时指出:"要把立德树人的成效作为检验学校一切工作的根本标准,真正做到以文化人、以德育人,不断提高学生思想水平、政治觉悟、道德品质、文化素养,做到明大德、守公德、严私德。要把立德树人内化到大学建设和管理各领域、各方面、各环节,做到以树人为核心,以立德为根本。"⊖ 因此,要想培育学生成长成才,管理与育人两者不可偏废。寓育人于管理之中,在管理中牢记育人,是每一位班主任都应该坚守的基本原则。

二、管理目标:控制,还是服务

在党的十九大报告中,习近平总书记明确指出:"要全面贯彻党的教育方针,落实立德树人根本任务,发展素质教育,推进教育公平,培养德智体美全面发展的社会主义建设者和接班人。"因此,班主任不仅要管住学生不出事、不捣乱,更要服务于学生一生的成长与发展,帮助学生扣好人生的第一粒扣子。

在权力运用过程中,不少班主任把管理目标定位在管住学生不出事,因此控制学生也就成了首选。但是,有人愿意被控制吗?答案毋庸置疑。相对于小学生来说,中学生、中专生、大学生更不愿意被控制。事实上,学生到了一定年龄之后,不要说老师,就连父母恐怕也控制不住孩子。如果强行控制,必然导致师生关系紧张。在师生关系紧张的前提下,教育将无从谈起。

从另一个层面上来说,班主任如果用控制的心态去面对几十个、上百个有血有肉、有想法、有行动力的学生,漏洞是难免的,出问题也是必然的。

⊖ 习近平. 青年要自觉践行社会主义核心价值观:在北京大学师生座谈会上的讲话[EB/OL]. (2014-05-04) [2022-08-05]. http://www.gov.cn/xinwen/2014/05/05/content_2671258.htm?gs_ws=tsina_635348790066490438.

只有把管理目标定位在服务上，班主任在科学严格管理的同时，着眼于学生的身心成长，遵循思想道德教育的普遍规律，尊重学生的主体性，开展深入细致的思想政治教育，才能更好地服务于学生的成长成才。

班主任怎样才能实现从控制向服务转变呢？这就要求班主任对自己的权力基础进行深刻梳理。

第二节　班主任的权力基础

某位管理学家认为："一个人要行使他的权力，首先要弄清楚权力的基础。一般来说，权力可分成弱、强两类，弱的权力包括合法权、报酬权和强制权；强的权力包括专家权和典范权。"我认为，班主任的权力基础也可以分为弱、强两类。

一、弱的权力

之所以把合法权、报酬权和强制权称为弱的权力，是因为这三种权力的实施都带有一定的强制色彩。在这三种权力之下，学生接受班主任的管理是受外力所迫的，可能并不是发自内心地自愿接受。

1. 合法权

平时我们所说的"有没有权力做某事"，指的就是合法权。合法权来自组织制度，是经由组织任命而形成的权力。也就是说，一个人如果被学校任命为这个班的班主任，他就拥有了管理这个班级的权力。否则，他就无权管理这个班级。

一位系副主任最近十分郁闷，和我聊了一件他处理的事：有一个寝室住了四个学生，其中一个学生偷了另外三个学生的钱。被发现后，盗窃者认错态度不错，钱也退了。然而被偷的这三个学生开始孤立她，不和她说话。她觉得自己在这个寝室待不下去了，就找到班主任要求调换寝室。调换寝室不在班主任的权力范围之内，于是班主任就把这件事汇报给了身为系副主任的他。他一想，如果将该同学调到别的寝室，别的同学就会问其换寝室的原因。这样一来，偷钱的事情不就张扬出去了吗？于是，他就打电话把那个学生请到了办公室，劝她不要调换寝室。那个学生听完一番分析之后，竟然对他说："你就明说同意还是不同意吧？如果不同意，你说那么多干什么？"

"涂涂老师，您说我这样做错了吗？站在学生的立场考虑问题，最后却是这个结果，我真有点儿想不通。"这位系副主任十分困惑。

遇事要站在学生的立场上考虑问题没有错，但要全面地看问题，不能片面地看问题。"名不正则言不顺"（《论语·子路》），为学生考虑问题无可指摘，但真正实施的时候，还有一个身份问题，即合法权问题。

我对他说："这里面，有人越位了，有人缺位了。您能不能告诉我谁越位了？谁缺位了？假如不是您，而是班主任跟学生说这些话，这个学生敢这么说她的班主任吗？"

这位系副主任一听就明白了，是他越位了，班主任缺位了。班主任负责直接管理学生，系副主任是间接管理学生。如果系副主任什么事都一竿子插到底，那还要班主任干什么？

班主任、系副主任各有各的职权范围，应该各司其职，互相配合，而不是越俎代庖。班主任将处理不了的事情，汇报给系副主任，系副主任协调处理，帮忙出主意、想办法，都是可以的。但这种帮助不能演变成包办和替代，班主任也不能一推了之，将什么问题都上交。

当一个班主任随便把学生的问题交给学生科、政教处的时候，他在学生面前就没有威信了。为什么呢？因为班主任归学生科直接领导，如果遇事都让学生科处理，是不是学生也归学生科直接领导了？如果学生和班主任都归学生科直接领导，那么班主任还怎么管理学生呢？

把问题交给上级处理是一种不自信的表现，同时也是一种自愿放弃合法权的表现。因为随问题上交的，还有班主任管理学生的权力。

有人说，是不是系副主任的权力太小，所以学生不听？那一校之长呢？权力够大了吧？如果没有合法权做支撑，照样出问题。

一个学生取了快递之后，随手把包装袋扔在了地上。一位路过的教师看到后说："这位同学，请你把包装袋捡起来扔进垃圾箱。"

学生扭头看了一眼，发现不认识，就没有理她，继续往前走。这时候，校长正好路过，看到了这一幕。

校长自然不能视而不见，于是过来维护纪律："这位同学请停下来。老师跟你说话，你没有听到吗？请把垃圾捡起来扔进垃圾箱。"

学生一看，心想："今天怎么这么多管闲事的人，这老头是谁啊？不认识！"停是停下来了，可就是没有去捡垃圾的意思。

"我是校长！"校长亮明了身份。谁也没有想到，学生回了一句："你说是就是？我还是校长呢！"……

大家想一想，为什么校长上任的时候，上级部门要到校宣读任命文件？为什么不让校长自己带着文件去上任呢？就是为了树立校长的合法权。然而，教职工知道了，并不等于学生也知道了。所以，校长要想在学生中拥有合法权，必须经常接触学生，最起码宣传栏里或者学校网站上要有对校长的介绍，并附上照片。否则，学生哪里认识谁是校长啊！

如果这名学生的任课教师遇到这种情况去管，学生会这么做吗？不会，因为学生认识任课教师。那么他的班主任去管呢？一般情况下，学生更不敢不理睬。

在学校里，很多班主任都对一类任课教师有看法。这类任课老师有个共同的特点：动不动就让学生找班主任，甚至动不动就撂挑子，不给学生上课。

我也遇到过这样的任课教师。一天，一位老师正在上课，突然发现有两名学生在窃窃私语。

"不要说话！"老师用手敲了敲讲桌，以示提醒。

看到老师注意到自己了，学生停了下来。谁知，老师刚一转身，学生又聊了起来。

"你们俩，找班主任去！"老师十分生气。

学生坐着没动。

"你们出去不出去？！"老师更生气了。

学生还是一动也不动。

"你们不出去，我出去！"老师一气之下就离开了教室到教师休息室喝水去了。

班长和课代表赶紧跑到我的办公室，不安地说："涂爸，有学生把任课老师气走了！"

我连忙问："是谁啊？赶紧让他们过来找我。"

两个学生低着头来到我面前，我一看，竟然是两个平时表现还不错的学生，就赶紧询问："你们俩不是一直听课都很认真吗？这次是怎么回事？"

"老师讲得挺有意思，我们俩就讨论开了，没注意课堂纪律。"

"我说呢！那就不会课后再讨论？"

"涂爸，我们错了！以后我们会注意的。"学生认错态度还算积极。

"跟我认错没用，赶紧去找任课老师认错去。"这两个学生一听，赶紧跑去找任课教师承认错误。于是，任课教师又回去上课了。

我们班主任是不是经常见到这种场景？我有时候就想问任课教师："您出去了还回来吗？"有的教师说："那肯定得回来，不回来不就成教学事故了吗？"那自己出去了还怎么回来呢？回不来了！得靠班主任去救援。

作为任课教师，只要是您的学生，您就要管理好他。教书、育人本来就是统一的，随便把学生推给班主任，您还怎么教育他？当一个任课教师被学生气跑或者把学生推给班主任的时候，这个任课教师就是在主动放弃合法权。

当然，假如任课教师太忙或者能力有限处理不了问题，由班主任配合处理，也是完全可以的。但自己不处理，直接交给班主任是不妥的，这样任课教师的威信何在？管理能力如何提高？毕竟组织课堂也是任课教师的工作内容之一。

上面讲的是不重视合法权的现象，当然也有滥用合法权的班主任。这种班主任很强势，他会宣称："我是学校任命的班主任，假如不服从我的管理，就是跟学校作对。"个别班主任忽视学生的意见，说一不二，以致"民怨沸腾"，学生集体不上课要求调换班主任，这也是没有合理使用合法权的表现。

组织安排你担任某种职务，你就具有了这一职位上的合法权。作为班主任，要合情、合理、合法地运用自己的权力。既不能不把自己当回事，也不能太把自己当回事。作为学校任命的班主任，在班里拥有合法权带来的种种管理权力，但即便有权，也不能任性，更不能为所欲为。

2. 报酬权

一般情况下，当我们说到报酬时，常想到的是劳动报酬。但我们在此处所讲的报酬权，与劳动法所讲的报酬权不同，是指在组织授权的范围内，给予利益的权力。

在管理工作中，班主任制定出严格的量化评分标准，然后结合学生的各种表现，进行考核、评价、奖励。考核结果甚至与学生的实习、升学、就业等联系在一起。谁表现好就给谁评优秀，谁表现好就给谁发奖学金，谁表现好实习、就业的时候就把谁推荐给好单位。这就是在行使报酬权。

我读小学的时候，哪个同学表现好，被评为三好学生，学校就会给他发个奖状。学生把奖状拿回家往墙上一贴，别提多高兴了。到了大学，奖状变成了"三好学生""优秀学生干部""奖学金"等证书。

我儿子上幼儿园时，一天回到家开心地说："爸爸，爸爸，你看！"

我一看，在儿子的额头上，有一朵鲜艳的小红花。

"啊！小红花！真漂亮，看来今天你在幼儿园表现不错噢！"

看到我很开心，儿子也很开心。

作为报酬权的一种表现，小红花对幼儿园的孩子很有吸引力。那么对再大一点儿的孩子呢？别说是小红花了，就连奖学金也不一定能吸引他了。

有的学校一等奖学金 1 000 元，二等奖学金 500 元，三等奖学金 100 元，奖金不多而且是一年评选一次，学生未必看在眼里。

报酬权的运用对学习好的学生有一定的激励作用，但对于学习成绩一般或者较差的学生，作用就不那么明显了。如果一味地强调班主任行使报酬权，那些学习一般或者较差的学生就会游离于管理之外。

管理者在一定范围内拥有调整报酬的权力，但这只是"一种管理的辅助手段，所以也是一项比较弱的权力"。对于班主任来说，我们所能行使的报酬权有限。所以，班主任若过分依赖报酬权将会使班级管理陷入尴尬的境地。

3. 强制权

强制权是指在组织授权的范围内，给予惩罚、威胁的权力。

刚上大学一年级时，一个周末，我借了辆自行车到开封市鼓楼广场找家教做。回来时遇到红灯，我赶紧停下来。绿灯一亮，我就跟着大家一起骑着车过马路。谁知，走到警察跟前我被拦住了。这才知道，原来我违章了。

在老家县城读高中时，路口没有隔离墩，所以不知道要在隔离墩内侧等候绿灯。警察示意我把自行车推到一边，锁好，把钥匙递给他。然后，告诉另外一个拿小红旗指挥交通的人："把小旗给他，你走吧。"同时告诉我："抓住下一个违章的，你就可以走了。"

在路口值勤期间，我看到警察只要一做手势，违反交通规则的人就乖乖地到路边等候处罚。这些人为什么这么听话？因为警察对交通违章的人具备惩罚的权力。这是交通警察的强制权。

班主任有权让表现不好的学生写检讨书，轻则全班公开做检查，重则上报学校给警告、记过、开除学籍等处分。这就是班主任的强制权。

强制权是班级管理中班主任最常用的一种权力。在国内外的教育史上，随处可见惩戒的"影子"。"教"的象形文字，就是一个孩童在棍棒下，学习如何尽孝。俗语"没有规矩不成方圆"和"不打不成才"均体现了"惩戒"在教育中的作用。苏联教育家马卡连柯坚信惩罚对教育教学的积极效果，他曾说："如果学校里没有惩罚，就必然会使一部分学生失去保障。"[一] 在很多国家，惩罚学生都是老师法定的权力。在有些国家，甚至允许体罚，一些学校董事会就把体罚这项权力明文写进章程。

[一] 吴式颖. 马卡连柯教育文集. 上卷 [M]. 北京：人民教育出版社，2004：101.

惩罚不等于体罚。2020年12月23日，教育部《中小学教育惩戒规则（试行）》公布，明确规定教师在教育教学管理、实施教育惩戒过程中，不得有下列行为："以击打、刺扎等方式直接造成身体痛苦的体罚；超过正常限度的罚站、反复抄写，强制做不适的动作或者姿势，以及刻意孤立等间接伤害身体、心理的变相体罚；辱骂或者以歧视性、侮辱性的言行侵犯学生人格尊严；因个人或者少数人违规违纪行为而惩罚全体学生；因学业成绩而教育惩戒学生；因个人情绪、好恶实施或者选择性实施教育惩戒；指派学生对其他学生实施教育惩戒；其他侵害学生权利的。"现在"打、骂、赶、停、罚"已成师德红线，所以，对老师来讲，如何实施强制权是一个问题。看到诸多因为老师体罚学生被处理的报道，许多老师在行使强制权问题上已经心有余悸。中小学属于义务教育阶段，不准开除学生。即便是在高中、职业院校等允许开除学生的地方，开除效果如何也尚未可知。

学生到学校是来接受教育的，被开除或者劝退了，让他去哪里上学呢？离开了学校，这个学生还如何接受教育？一个被学校开除或劝退的学生，心里会不会留下阴影？如果他因此破罐子破摔，或者怨恨社会怎么办？

上班年龄太小，企业不要；待在家里，父母也没有时间管他。把学生开除或者劝退了，您是眼不见心不烦，您的班好管了，但社会利益受到了损失。

帮助一个学生，就是帮助一个家庭。从这个意义上说，教育就是在做善事，尤其是职业教育。能把学生培育成社会的有用之才，善莫大焉！

做事情仅仅考虑自己的班级是不是好管，是远远不够的。除此之外，我们还要考虑社会利益、社会责任等。

其他强制措施，如通报家长、纪律处分等，对学生的威慑作用就更小了。家长又不是不知道自己孩子的情况，接到学校通报，有的可能会把孩子打一顿，有的可能就是不痛不痒地唠叨一通，孩子还不一定能听进去。不少职业院校给学生上了纪律处分，只要不被开除，就可以逐步撤销处分，反正也不装档案。在学生看来，即便装入档案也不怕，我国就业市场早已过了用工先看档案的年代了。因此，我们今天当班主任，假如再抱着强制权的思维不放，那就真的错了。

二、强的权力

之所以把专家权和典范权称为强的权力，是因为这两种权力的实施不带强制色彩。在这两种权力之下，学生是发自内心、自觉自愿、自然而然地接受班主任的管理。

1. 专家权

专家权是指由于个人技能专长而形成的权力。一般是指具备专业技能，在某个领域具有独到而高超的见解和能力。就班主任而言，不仅要熟悉业务领域的专业知识和技能，还要具备多元化的知识，成为复合型人才。具体说来，就是还要懂得专业技术以外的哲学、教育学、心理学、伦理学、社会学、文学、艺术、美学等领域的基本知识，并且拥有熟练运用这些知识解决实际问题的能力。

一位年届不惑的班主任说："当年我大学一毕业，学校就安排我担任一个二手班的班主任。我既不是师范院校毕业的，在学校里也没有当过班干部，根本就不知道如何做班主任。就这一个班把我带怕了，以后好几年我都不敢当班主任。真不明白当年学生科科长为什么安排我带二手班。"

我认为学生科科长让她当二手班的班主任，可能出于以下三点原因：一是高估了大学毕业生的带班育人能力，想当然地认为大学生完全可以胜任班主任工作；二是对班主任岗位的专业性认识不足，对于担任一个"二手班"的班主任所需要的专业技能没有正确认知；三是愿意当班主任的人太少了，学生科科长抓不住人，就只好把二手班给了一个新手。

班主任岗位是一个专业性很强的岗位。作为班级管理和德育的直接实施者，哪一项任务都不是轻轻松松就能够完成的，都必须接受严格的教育培训。我认为，很多老师不愿意当班主任，问题不是出在敬业精神上，而是出在能力恐慌上。如果能熟练解决班级管理中的各种问题，从中感受到自我价值，相信很多老师会主动走上班主任岗位。

由此可见，开展岗前培训，让未来的班主任掌握班级管理规律和育人规律极为重要。不培训就上岗，不但是对班主任的不负责任，更是对学生的不负责任。

但即便是师范院校，也很少将"班级管理理论与实务"设为专业课，专门开设班级管理专业的院校目前更是闻所未闻。很多老师虽然走上了班主任岗位，但根本就没有系统学习过教育学、心理学这两门课。即便是为了考取教师资格证而学习，也只是蜻蜓点水，学而不精。哲学作为公共课程，很多老师都学过，遗憾的是个别老师甚至连矛盾观点都说不清楚，这种老师当了班主任以后处理问题也是眉毛胡子一把抓。

在一所建筑类学校讲课时，在交流环节该校校长提问道："一个大孩子如何带好一群小孩子？我既不想让大孩子受到伤害，也不想让小孩子受到伤害。"他进一步解释说，在学校里刚刚工作一两年的这群年轻班主任（大孩子），没有受到过师范专业教育，如果当班主任不成功，学生（小孩子）会受到伤害，年轻班主任（大孩子）的自信心又受挫，说不定会因此放弃教师这个职业。

这位校长的担心并不是多余的。当时，负责接送我的一位年轻班主任就说："与学生打交道确实不容易，有时候想想，还真不如下工地干活轻松。我们学校年轻人离职率很高，干着干着就不想当老师了，想回去搞自己的专业。"

的确如此，一个没有受过师范专业训练的年轻老师，突然当上了班主任，压力的确太大了。因此，通过学习培训拥有专家权，是班主任提高立德树人能力的重要路径。

2. 典范权

典范权是由于个人人格魅力而形成的权力。一个班主任越富有个人魅力，他的典范权就越大。在很多情况下，班主任的个人魅力会转化成一种典范的力量，让很多学生效仿、服从。

孔子说："其身正，不令而行；其身不正，虽令不从。"（《论语·子路》）作为管理者，如果自身行为端正、做出表率，不用发布命令，被管理者也会跟着行动起来；相反，如果管理者自身行为不端正，而要求被管理者端正，那么，纵然三令五申，被管理者也不会服从。作为班主任，要求学生做到的，自己要首先做到，这样才会赢得学生的尊重和爱戴。

中央电视台《焦点访谈》栏目曾用 15′07″ 的时长，专题播出了大连海事大学辅导员曲建武教授的先进事迹。在节目中，曲建武教授说："我经常讲一个观点，我说做思想政治工作者、做辅导员要敢于喊一种口号：向我学习。你都不做，你让学生做，你来骗我们？学生是傻瓜？所以我就说，思想工作，一定要敢于喊出向我学习的口号，所以在80年代的时候我就是这样的。我当辅导员的时候，我为什么要第一个到操场，我为什么成了一个业余万米运动员，我有这个特长吗？没有的。但是我坚持每天跑几千米，就是要给学生做榜样，我现在当辅导员也是，就是坚持这一条，这是必需的。"

当一个人的行为成为典范时，他就会拥有典范权。一个以身作则，对学生有爱心，公正待人，遇事不急躁，能够时时刻刻把帮助学生学会做人做事放在心上的班主任，无疑会得到更多同学的拥护。

第三节 班主任如何运用手中的权力

合法权、报酬权和强制权的实施是由外而内的，学生可能口服心不服，或者阳奉阴违。专家权、典范权的实施则是由内而外的，班主任结合学生的实际情况，运用自己的专业技能和人格魅力来施加影响，学生心服口服、高高兴兴、心甘情愿地接受班主任的管理。这五种权力都是班主任权力的有机组成部分，缺一不可。但是，如何与学生的情况相契合，恰当地选择、运用这五种权力来管理、育人，却是一门艺术。

一、旨在管理，用好合法权、报酬权和强制权

班主任如果仅仅想当好一个管理者，管住学生不出事，用好合法权、报酬权、强制权即可。

1. 合法权的重要性

韩非是战国末期著名思想家、法家思想的集大成者。关于权力运用，韩非有一些经典的论述，对当前的班级管理很有启发意义。

韩非认为："尧为匹夫，不能治三人；而桀为天子，能乱天下。""尧教于隶属而民不听，至于南面而王天下，令则行，禁则止。"（《韩非子·难势》）

意思是说，当尧是一个普通的百姓时，连三个人也管理不了；然而夏桀处在帝王的位置上，却能扰乱整个国家。当尧还处在卑下地位时对百姓施教，人们并不听他的，等到他成为君王统治天下时，他下令做的，人们就马上执行，不允许做的，人们就马上停止。

为什么"尧为匹夫，不能治三人"？因为他没有取得合法权，手中没有权力。为什么"南面而王天下，令则行，禁则止"？因为他取得了合法权，有权有势。由此看来，对于管理者来说，这种"经由组织任命而形成的权力"非常重要。

同样，合法权对于班主任来说也是很重要的。一位老师即便业务水平、管理水平都很高，在没有被任命为班主任的时候，也仅仅只能在其课堂内发挥影响力，权限之外，影响力甚微。他一旦被学校任命为班主任，就可以随时管理整个班级。

曾经有班主任说："涂老师，您在班级管理方面很有经验，我这个班您能不能帮我带一带？"

我直接拒绝了他:"不能。没有组织任命,学生不会认的。再有经验的班主任,也只能帮您出出主意,具体实施还得看您自己。"

2. 善用报酬权与强制权

韩非有言:"明主之所导制其臣者,二柄而已矣。二柄者,刑、德也。何谓刑、德?曰:杀戮谓之刑,庆赏谓之德,为人臣者畏诛罚而利庆赏,故人主自用其刑德,则群臣畏其威而归其利矣。"(《韩非子·二柄》)

在韩非看来,明君用来控制臣下的,不过是两种权柄罢了。这两种权柄就是刑和德。什么叫刑、德?杀戮叫作刑,奖赏叫作德。做臣子的害怕刑罚而贪图奖赏,所以君主亲自掌握刑赏权力,群臣就会害怕他的威势而追求他的奖励。

用现代的语言来讲,"刑"就是"强制权","德"就是"报酬权"。对于做得好的臣子,明君就行使"报酬权",予以奖励;对于做得不好的臣子,明君就行使"强制权",予以惩罚。

《韩非子·难势》写道:"且夫尧、舜、桀、纣千世而一出,是比肩随踵而生也,世之治者不绝于中,吾所以为言势者,中也。中者,上不及尧、舜,而下亦不为桀、纣,抱法处势则治,背法去势则乱。"

韩非指出:像尧、舜、桀、纣这样的人,一千世才能出现一次,而这就算是紧接着降生了。世上的君主不断以中等之才出现,我之所以要讲权势,是为了这些中等人才。中等才能的君主,上比不过尧、舜,下也不至于成为桀、纣,掌握法度、据有权势就可以使天下太平,背离法度、丢掉权势就会使天下混乱。

同样,拥有强大人格魅力的班主任毕竟是少数,而大多数班主任都是中等水平的人,所以要用好报酬权、强制权。用好报酬权、强制权可以帮助学生提高道德认知,分清是非曲直,养成良好的学习和生活习惯。班主任丢弃了报酬权、强制权,班级就管理不好。

"没有规矩,不成方圆。"古代学生在私塾读书,学习不好就要受罚,先生用戒尺打学生的手心是常见的现象。我国现在已经摒弃体罚,这是教育的进步。但这是不是说明不需要惩戒了呢?不是。我认为,教育依然离不开惩戒。

但是,这个惩戒不应该是老师主动施加的,而应该是学生自己"挣"来的。教师把选择权还给学生,让学生学会为自己的行为承担责任,付出代价。有所畏惧,学生才能健康成长。

青春期的学生，对于什么是好，什么是坏，内心是非常清楚的。当他犯错误的时候，或者说当他违反纪律的时候，在他心里什么占上风？是"魔鬼"。一旦学生的错误被发现，班主任准备批评他的时候，甚至在他跟着班主任从教室走到办公室的路上，他就已经恢复理智了。在学生的大脑里，那个"魔鬼"已经让位给"法官"了。他首先判断自己哪个地方做得对，哪个地方做得不对。然后他又判断班主任哪个地方做得对，哪个地方做得不对。在这种情况下，班主任要把选择权还给学生，让学生自己选择人生道路。只有在学生从内心深处不愿意受到惩戒的情况下，学生才会真正悔悟并改过。

经过组织任命，班主任就拥有了管理班级的合法权。从这时候开始，班主任充分行使各项管理职能，对做得好的同学行使报酬权，对违反校规校纪的同学行使强制权。班主任只有做到公平公正，才可以管理好一个班级。

其实，用好报酬权和强制权，不仅可以管理好班级，还能管理好学校。假如组织部门任命您为学校校长，哪怕仅仅是主持工作，您就拥有了管理学校的权力。

经过观察和了解，您知道谁是真正的人才，也知道谁一直兢兢业业地对待工作，对这样的人物您想予以奖励、关照，以暖人心。这就是行使报酬权。

有的班主任可能会问，当了校长就有这个权力？当然。例如，张老师职称问题一直没有解决，可能不是因为他的能力不行，而是因为他在推荐环节一直不能排在前面，所以总是无法晋升。于是，校长把主管职称晋升工作的部门负责人找来，把自己的想法告诉他，请他在多方征求意见的基础上，起草新一年度的职称晋升实施方案。草案出台以后，先组织有关部门讨论、修改，然后由校领导班子讨论、修订，无异议以后，在全体职工代表大会上表决通过。

按照新的方案，张老师很快就晋升了。其实，新方案不同于旧方案之处在于量化的分数与投票分数按权重算入了总分。也就是说，平时的工作表现和最后的推荐，一并作为晋升考核因素。

当然，校长也可以直接把晋升指标给张老师，但这是人治，不是法治。管理者出于公心，着眼大局，形成制度，坚持执行，才可以更好地发挥激励作用。

同样，对于工作积极主动性不强，敬业精神不足的教师，校长也可以行使强制权。笔者去一所学校讲课时，目睹了一位校长就专业组组长不愿担任班主任一事做出的处理。班级管理工作难做，很多老师不愿意担任班主任职务，这位专业组组长也不想承担重任。校长听到此事以后，马上指示教务部门研究出台政策，核心条款就是"担任专业组组长的前提条件是专业组组长必须担任班主任，不担任班主任的教师，不能担任专业组组长"。

为了鼓励教师担任班主任，有的省在"教师中、高级专业技术职务任职资格申报、评审条件"中，就"工作业绩""教育教学"项，明确提出，"晋升高一级职称的青年教师（40周岁及以下），须有至少1年担任辅导员、班主任等学生工作经历。"⊖ 这既是行使报酬权，同时也是行使强制权。一份优秀文件的出台，本身就可以激励先进，鞭策后进。

二、旨在育人，用好专家权、典范权

学生情况各异，班主任如果想培育学生成才，就必须用好专家权和典范权。

1. 用好专家权、典范权乃大势所趋

从现实来说，班主任一味地使用合法权、报酬权、强制权，可能会适得其反；善于运用专家权、典范权才可以事半功倍。从理性上来说，这五种权力都是爱的表达。作为一个班主任，如果仅仅想成为一个管理者，用好合法权、报酬权、强制权即可；但如果想成为一个育人者，就必须用好专家权和典范权。

信息技术的迅速发展，使学生学习的渠道越来越多样化。在这种情况下，在某些知识的掌握上，班主任可能还不如学生。一些新知识，如果班主任不及时查新，就会出现学生掌握了，班主任却还没有掌握的现象。以前，班主任不讲，学生不知道；现在，可能是班主任还没有讲，学生就已经知道了；甚至是班主任还不知道，学生就已经知道了。

强制和围堵都不能解决问题，班主任只有拥有专家权和典范权，努力做到"政治要强、情怀要深、思维要新、视野要广、自律要严、人格要正"，才能真正发挥影响力。如果摆出一副权威架势，可能就不管用了。

形势所迫，班主任必须不断提升自己，在处理学生问题时，才能更加游刃有余。也只有如此，班主任才能做到"守好一段渠，种好责任田"，帮助学生扣好人生第一粒扣子。

2. 专家权、典范权的使用为育人所需

在班级管理工作中，班主任娴熟运用专家权、典范权影响学生，在育人的道路上走得就会更顺畅些。在班干部选拔、迎接新生、心理健康教育、处理学生打架等工作上，班主任注意合理运用专家权、典范权，都能取得良好效果。

⊖ 人力资源社会保障部. 教育部关于深化高等学校教师职称制度改革的指导意见 [EB/OL]. （2020-12-31）[2022-08-05]. http://www.gov.cn/zhengce/zhengceku/2021/01/27/content_5583094.htm.

(1) **班干部选拔**　选任班干部是班主任的常规工作。班干部选好了，班主任工作顺风顺水。班干部选不好，有时候他们还会成为班级工作的障碍。

那么如何选任班干部呢？

有的班主任强调合法权："我是学校任命的班主任，在选班干部上，你们都得听我的，其他老师说了不算。"

有的班主任强调报酬权："谁要是当班干部，我就给谁加素质分，优先推荐入少先队（入团、入党）。"

还有的班主任强调强制权："我想让谁当谁就得当，不当不行，不听班主任的话，就去别的班。"

运用这三种权力选择班干部的班主任，只能说是为了管理而选择班干部，如果为了育人，就要用好专家权和典范权。

在选拔班干部的过程中，我晓之以理、动之以情，通过摆事实、讲道理让学生意识到当班干部可以锻炼能力，当班干部有利于成长。班主任可以这样和学生沟通：

"当班干部可以锻炼自己的能力，可以提升自身的素质。假如你当了班干部，能力锻炼出来了，将来走向社会就可以更好地奉献社会。"

这就是在运用专家权。

"桃李不言，下自成蹊。"拥有典范权的班主任把自身的经历展示给学生，学生自会积极担任班干部。事实证明，在上学期间当过学生干部的人，毕业以后如果当了班主任，就会感觉如鱼得水。那些没当过学生干部的人，当了班主任就感到很困难。我把自己的成长经历一讲，很多同学受到启发，积极要求担任班干部。

"老师既然号召我们当班干部，一定是为了我们好。"学生为什么如此信任他的老师？因为班主任用自己的人格魅力征服了学生。

(2) **迎接新生**　2017级护理12班新生报到时，2016级12班学姐"Open"和"Hello kitty"做志愿者，参加迎新活动。为了方便新生，我请学姐"Open"提前去替学弟学妹配钥匙。结果等了一个多小时，好几个学生都已经报到了，317寝室的钥匙还没有配好。打电话过去催问，说快好了。再等还不来，又打电话，说是弄混了，正在寝室试钥匙。

"行有不得者，皆反求诸己。"这句话出自《孟子·离娄章句上》，它的含义是，如果行动没有达到预期的效果就要从自身找原因："看来不应该一下子把钥匙都给她。如果像往年一样，一个寝室一个寝室地去配钥匙，就不会出现这种情况了。"

第一章　权力运用

面对这样的情况，一个没有哲学基础知识的班主任会怎么对待学姐"Open"呢？他可能只是觉得，这个学生怎么这么不会办事，连个钥匙也配不好！遇到性格急躁的班主任，说不定还会对着她大发脾气："怎么这么笨呢！"

从主观上来说，"Open"作为一个志愿者，她是不想把工作做好吗？肯定想做好。自己是在积极做好事，如果因为没干好受批评，是不是感觉有点儿委屈？这对她的积极性是不是一个打击？

等她处理好所有寝室的钥匙，来到我面前时，我没有批评她。到了第二天，原来的寝室已经安排满了，再来学生就需要新开寝室了。"Open"拿出来好几把配错了的钥匙，笑着说："配错了好几把，钱不算多，还承担得起。"

"配错了不是可以换吗？"以前配错了都是可以重新换的。听她这么一说，我赶紧问。

"他们不给换。"她也很无奈。

对于商家的所作所为，当着学生的面，我也不好多说什么。但花了钱，就得买到教训。于是，我笑着提醒她："这一次配钥匙，有没有什么值得反思的地方？"听我这么一说，她有些迷茫。

"让你去配钥匙，最紧急的是什么？想想我们先从哪个寝室开始分？是不是第一个寝室最紧急？"我耐心地点拨她，"配钥匙是主要矛盾。但就主要矛盾而言，还分主要方面、次要方面。第一个寝室就是矛盾的主要方面，其他的都是矛盾的次要方面。第一个寝室钥匙配好了，应该送过来，或者打电话让人去取，不耽误新生进寝室。第一个寝室钥匙配好了，第二寝室上升为矛盾的主要方面。如果不紧急，试过以后没有问题，可以先用纸张包好写上寝室号，以免混淆。如果没有纸张，可以打电话让人送纸张去。"

"我当时想着这边也忙，就不想麻烦你们。"她解释说。这个学生是位班长，工作积极主动，很有担当精神。然而，工作思路决定工作方法，不想麻烦别人，遇事勇于担当是好事，但如果思路不清晰，分不清主要矛盾、次要矛盾，眉毛胡子一把抓，工作出了差错就得不偿失了。

配错钥匙这样一件小事，通过我点拨，学生学会了处理问题要抓主要矛盾，是不是坏事变好事？这或许就是班主任拥有专家权所带来的好处。如果我们班主任都拥有这样的专家权，学生是否愿意跟着我们学习呢？

我经常给学生讲，责人不如责己，遇事要把人往好处想。现在我按照这样的要求对待我的学生干部，相信我的学生干部也会这样来对待同学们。这就是典范权。

(3) 心理健康教育 2016级护理12班一个叫"望月似归昔"的学生写了一篇文章，大体内容是：他梦到一对夫妻因为性格不和离了婚，离婚之后，其中一个遭遇不幸，出了车祸。

看到这样的文章，一个没有心理学知识的班主任可能会一笑置之："这不是凑字数吗？"但是一个拥有心理学常识的班主任可能就不会这么想。

梦是人心理活动的映射。奥地利精神分析学家西格蒙德·弗洛伊德就曾经写过一本书——《梦的解析》。且不说这个学生是不是真的梦到这些，就事论事而言，他为什么要写这些？写这些对这个学生意味着什么？在他的成长过程中究竟发生了什么事情需要关注？

由此，我想到沙盘游戏疗法。来访者在一定的空间里，选择一些模型（玩具）摆放在特定的容器（沙盘）里，从而构成一些场景（作品）。这些看似无意的，甚至胡乱摆放的作品，表现的却是来访者真实的内心世界。我的学生写这样的文章，在一定程度上也反映了他的内心世界。

关注学生心理健康，也是班主任的重要任务之一。于是，我有意无意地找他聊天，积极鼓励他为班级做事。这个学生年龄较大，比较有责任心，对同学也比较关心，在男生中比较有威信，寝室卫生等各方面的工作，也都做得井井有条，经常得到生活老师的表扬。

在后来的交往中，他向我敞开心扉，说自己曾经有过一段失败的恋情，自己一直放不下。痴情是好事，但"过犹不及"。我提醒他人生路还很长，心态要阳光，该放下的要放下。

一天，他旷课在寝室睡觉。发现之后，我也没有直接批评他。因为我知道，他应该是遇到了什么想不开的事情，说不定还与那个女孩有关。

不解决心理问题，激烈的批评不仅无济于事，甚至可能适得其反。当生活老师和我聊起这个学生时，我特意嘱咐他，对这个学生要多鼓励、多表扬。

这个学生爱读书，也写了很多文章。在我生日之际，他写了一篇文章，非常感人。现摘录如下，以飨读者。

涂老师，生日快乐

"涂老师"，同班同学一直以"涂爸"相称。也许因为在开学典礼上，这位幽默风趣的班主任以相声方式介绍自己的结果，也许是因为一日为师终身为父的古训，更或许是因为这位"特殊"的老师，外加特殊的教导方式吧，但自己却因为家庭原因，始终改不了口。一句"涂爸"，发觉比让自己学懂英文都难……

第一章 权力运用

说到特殊，不得不说涂老师的教学方式，说小点儿他并不像其他任课老师，说大点儿，这根本就像自己曾经幻想过的教育理念。一切都是"放羊式"管理（其实是"守望"，在他看来是"放羊"——笔者注），自己像父亲一样看着孩子们在自己的世界中快乐地成长。或许在这里，话已然说错，他就是一位父亲！！！

涂老师是无私的：他把自己多年来的教育心得无偿地拿出来与每一位老师交流。

涂老师是伟大的：在他眼里，班级里每一个同学都是世界上最乖、最好、最聪明的孩子。

涂老师是敬业的：他从不会把任何负面情绪带到教室里。

涂老师是乐观的：任何事，哪怕在当事人看来糟糕透顶，到了涂老师面前都会成为成长的阶梯。

涂老师是快乐的：从没有看到他因为什么事痛心过。噢，不对，曾经班里有一位同学因为抽烟的事，让涂老师自责了好久，在他眼里，这并不是孩子们的恶习，而是自己教育不到位。

涂老师啊，您陪伴我们八个月了。我们听您授课，第一次就发现，原来课堂并不枯燥。当听您说，您上学时如何要求自己，我又在暗暗自责，为什么自己就不能像您一样，这般严格要求自己的学习。

记得那是某天的下午，在您的课堂上，您以玩笑的语气向我们述说了一件事情："以前有人问我，你是学什么专业的？我都不敢说自己学的是师范专业。因为那个时候很多人都不想当老师，都看不上老师。可是现在呢，别人问我在哪里毕业的？我会自豪地说：本科在河南大学就读，硕士在北京师范大学就读。为什么呢？因为我没有丢母校的脸。"说到这时，您偷偷地笑了笑，问我们："你们出了校门，出去实习了，上班了，别人问你们，你们敢这么回答吗？"当时的场景，虽然说不上哄堂大笑，但是笑出声的人也有十之八九。

是啊，如果我们踏出了校门，会像您一样，挺起胸膛用嘹亮的声音回应对方，我是郑州卫生健康职业学院毕业的，我的班主任是"涂俊礼"吗？

此时，在远方的虚空中，有一个缥缈而又真实的声音传来：会！因为，我是您亲手教出来的学生！

看到这个学生能写出如此阳光的文章，我也就放心了。我不但把他的文章在我的德育工作室微信公众号里转载，而且还在班级公开朗读。同学们听了之后，都对他大加赞赏。

言为心声，看来他已经走出封闭的自我，开始用欣赏的眼光看待世界了。多好！相信他的人生路，一定也会充满阳光。

班主任拥有了专业技能和人格魅力，既能点亮自己的人生，也能点亮学生的人生。与学生一起出彩，应该成为所有班主任的职业梦。

(4) 处理学生打架　一个叫"荒"的学生对我说："上学这么多年，叫家长、处分我都不怕，我就怕您。"

我说："为什么要怕我？"

他说："您还记得上一次我和人打架吧？当时虽然主要责任不在我，但我在班里不是一直表现都不太好吗？所以，我觉得你会借此机会狠狠地批评我。没有想到，您不但没有批评我，还带我去看病。当听到您说'疼不疼？走，我带你去医务室抹点药去'时，我的眼泪光想往下掉。我在初中时也和人打过架，老师从来没有这样对待过我。"

他说的确有其事。当时我的想法是，不管犯多大的错误，也应该先看病。没有想到，就这一个主动关心赢得了学生的心。后来我发现，这个学生在班里做事特别积极，学习成绩也越来越好，后来还考上了大专。这或许就是专家权和典范权结合运用的结果吧！

三、将权力运用过程变为胜己过程

在班级管理过程中，通常有两个路径可供选择：一是胜人，二是胜己。胜人就是管住学生，胜己就是战胜自己。这两种不同的路径，决定了班级管理水平的高低。"内圣方能外王"，要想圆满完成班级管理和德育两大任务，就要努力把权力运用过程变成胜己过程。

1. 端正态度，力争胜己

"只有不会教的老师，没有教不好的学生。"很多人都不认同这句话。其实，从老师自我修养角度来说，这句话没有问题。在班级管理中出现了问题，先不急着向外部找理由：诸如学生不听话、家长不配合、学生科领导不支持等，而先从自身找原因，看看自己是不是有哪些地方做得不到位，把自己做得不到位的地方做到位，问题可能就会迎刃而解了，这就是胜己。我的网名叫"人定胜己"，用意正在于此。

一个学生因上课屡次迟到受到班主任批评，他不服气且出言不逊。班主任一气之下，扇了学生一个耳光。家长听说后不愿意，闹到学校。学校调查之后，对班主任体罚学生一事做出组织处理。

后来，这位班主任向我诉苦："这班主任真不好当，你不知道有的学生多气人！"

"我知道你有些委屈，有些学生就是气人。但气人你就可以动手打他吗？"我笑着问他。

"我也知道不该动手打他，可是当时火一上来，没控制住自己啊！现在我也很后悔。"

冷静下来，班主任都知道自己什么该做，什么不该做，就是关键时刻控制不住自己。师生关系不是敌对关系，却常常因为种种原因"剑拔弩张"。此时，班主任作为矛盾主导方，一定不能意气用事。

《孙子兵法·火攻篇》指出，主不可以怒而兴师，将不可以愠而致战。怒可以复喜，愠可以复悦，亡国不可以复存，死者不可以复生。意思是说，作为君主、将领，应以国事为重、大局为重，冷静地处理国务和军机大事。毕竟气可以消，忿可以平，怒可转为喜，但国家一旦灭亡后就不复存在，在战争中逝去的人们也不能够重新活过来。班主任如果"怒而兴师"呢？被伤害的师生关系还能挽回吗？

班级管理水平就档次而言，也有上、中、下之分。李世民《帝范》有云："取法乎上，仅得为中；取法乎中，故为其下。"这句话的意思是说，目标定位在上等这个档次上，努力之后，我们可能得到中等目标；目标定位在中等这个档次上，最后我们得到的可能是下等目标。

我认为，既然当了班主任，就要把目标定位在上等这个档次上，即便现在水平达不到，只要态度端正，就会有所进步。在工作中，需要用心理学、教育学、哲学等专业技能解决问题，如果自己现在的确知之不多，持续学习就可以了，最后一定会拥有专家权！即便现在有些事情处理得还不够完美，还做不到让学生向我们学习，但只要一直努力，相信总有一天我们一定能拥有典范权。

通过关爱学生，让学生看到班主任身上人性的光辉，就是在传递正能量。持教育家之情怀，即便我们成不了教育家，也可以成为育人者。

2. 做到胜己，轻松管理

心态决定未来。

目标定位在胜人，想用合法权、报酬权和强制权管住学生的，如果自身修养达不到，既不了解教育，又不了解学生，可能永远也管不住学生。

目标定位在胜己，在与学生交往中，充分行使专家权、典范权，做什么事都是晓之以理，动之以情，大家就会心服口服，班级管理工作自然也就水到渠成。战胜了自己，多做契合学生成长需求的事，学生自然而然就被管住了。

王阳明先生龙场悟道开坛授学，提出"立志、勤学、改过、责善"四事规。这四事规对于班主任同样有效。

一是立志，就是要明确我们想成为什么样的班主任。这个很重要，不立志，没有明确的目标，怎么可能进步？但是，立志于胜人，还是立志于胜己，虽然最终的目的都是胜人，但境界不同，结果也就天壤之别了。

二是勤学，就是要抓住一切机会去学习。管理学、心理学、教育学等都要学。不仅如此，还要在实践中学习，在实践中提高。

三是改过，就是有做得不好的地方要积极改正。要不断反思自己在与学生交往中有哪些不合适地方，只有这样才能不断提高自己的管理水平。

四是责善，就是劝勉自己、劝勉他人一起向好处努力。责善，就是平时我们常说的批评与自我批评。不过，批评人也要讲究方式方法。

一个班主任假如做到了四事规，就可以实现"内圣外王"。战胜自己很难，班主任能够战胜自己，不该做的事不做，管住学生也就在情理之中了。有的班主任可能会说："这也太难了吧！"是有点儿难，但想想我们的目标——为了学生，自己选择的道路，再难也要笑着走下去。

第二章

制度建构

Chapter 2

　　制度建构是班级管理的基础。好的校规、班规不但可以育人，而且可以让管理事半功倍。但是，什么是好的校规、班规，什么是不好的校规、班规，评判标准并不统一。在学生管理过程中，有人认为是很好的校规、班规，在另外一些人看来却存在很多问题。为什么会有这种分歧？原因在于视角不同。从师本的角度来看，还是从生本的角度来看，得出的结论可能会大相径庭。我认为，判断校规、班规好坏的唯一标准，就是是否真正有利于学生的成长和发展。

第一节 如何理解师本制度与生本制度

准确理解师本制度和生本制度，对班主任在班级管理过程中实现管理育人具有重要意义。

一、叩问制度建构的初心

制度建构属于常规管理。由于很多制度都是长期沿袭下来的，所以在执行中很少有班主任去问，为什么要制定这样的制度？对制度建构初心的叩问，要求我们返回原点看制度。

1. 有利于老师的教学与管理

我曾与很多班主任探讨过，学校究竟为什么要建构制度？班主任们的第一反应就是"为了更好地管理学生，开展教育教学"。

的确，很多校规或者班规的出台，就是为了管理学生，以维护正常的教育教学秩序。例如，纪律方面的要求，上课不准说话、不准迟到、不准早退、不准吃零食、不准交头接耳等。诚然，如果学生上课说话、迟到、早退、吃零食、交头接耳，课堂无秩序，老师还怎么讲课？

这种以有利于老师的教学和管理为目的而制定的制度，可以统称为师本制度。师本制度是以灌输知识为目的，为有利于老师教学、管理任务达成而设计的制度。师本制度强调"服从"，其运行的主体是教师，并且以能否管住或者战胜学生作为好坏的标准。

2. 有利于学生的成长与发展

学校建构制度还有另外一个重要目的，就是有利于学生的成长与发展。学校是教书育人的地方，有利于学生的成长与发展应该是终极目标。因此，所有制度的建构都应该以此为目标。

这种以有利于学生的成长与发展为目的而制定的制度，可以统称为生本制度。生本制度是为有利于学生健康、快乐地成长而设计的制度。生本制度强调"守望"，其运行的主体是学生，并且以帮助学生约束或者战胜自己作为好坏的标准。

3. 最好的制度是兼顾师本与生本

有的班主任可能会说，有没有既有利于老师的教学与管理，又有利于学生的成长与发展的制度？假如能合二为一，该多好啊！

在教育教学实践中，这样的制度还真不少。例如，国家实行"五一""十一"小长假之后，不少学校改变作息制度，长假前一天下午提前一小时上课。

这个制度就是一个既兼顾师本，又兼顾生本的制度。学校决定改变作息制度，提前上课的第一个考量因素就是学生的安全。因为提前一个小时上课，放学早离家远的学生可以早些到家，这样一来安全系数就提高了，对学生的健康成长有利。另外，因为提前上课，请假的学生少了，上课期间人心惶惶、急于回家的人也少了，教学质量和教学效果也就有保证了。

当然，在教育教学实践中也有建构制度背离教书育人、管理育人初衷的现象。有一所职业学校的作息制度是这样规定的：每天下午都1点上课。为什么要这么规定？因为中午老师午休不方便，早早上完课，老师回去休息，于是就做出了这样的规定。

这个作息制度，完全是从老师的角度出发，根本就没有考虑学生的接受能力和身体健康。炎炎夏日，下午1点到3点正是打瞌睡的时候，不让学生休息，听起课来昏昏欲睡，课堂效果会好吗？

其实，这样的作息制度，连真正的"师本制度"都算不上，因为师本制度还要把知识灌输进去，学生都在打瞌睡，知识能灌输进去吗？更不能说是教学任务达成了，充其量只能说是教学这个过场走完了，至于学生接受了多少，就不在考虑范围之内了。

对于正在执行的校规和班规，很少有班主任去问为什么做出这样的规定。实际上，稍微一分析就会发现问题，个别校规、班规本身就是"拍脑袋"的产物。不考虑制定这样的制度会带来什么样的后果，不考虑对学生的成长是否有利，是极其不负责任的做法。

二、从教育现象看师本与生本

在哲学上，"本"有两种理解：一种是世界的"本原"，一种是事物的"根本"。提出师本、生本，不是要回答世界的本原是什么，而是要回答在教学、管理过程中，什么最重要、什么最根本、什么是最值得关注的问题。

场景一：小手放背后

色彩鲜艳、物品摆放有序的教室里，孩子们一张张稚气的小脸，端端正正的小身板，无一例外地把小手背在身后。看到个别孩子做得不太标准，老师就用儿歌来引导孩子，强化这种"标准坐姿"："小手放背后，小脚并并拢，小嘴闭闭牢。"每节课开始前，老师都要带领全班大声唱出来。这时，如果有孩子还在动来动去，老师可能就会适当给予提示。①

思考： 幼儿园为什么要构建这样的制度？

我曾与很多班主任一起交流过这个问题。有人从师本的角度来分析，认为小朋友手背后，就不会捣乱了，所以便于老师管理；也有人认为，小朋友手背后边，安静端坐，老师可以专心讲课。的确，小朋友小手背到后边，老师教学就不分心了。活泼好动是孩子们的天性，孩子们坐在那里，如果小手不放背后，你挠我一下，我挠你一下，一会儿这个哭了，一会儿那个又告状了。试想一下，如果出现这种情况，这课还怎么上？

也有人从生本的角度分析，认为小手放背后，注意力会集中，更便于听老师讲课；也有人认为，小手放背后，不再乱摸乱动，可以防止小朋友受伤。的确，小手放在背后，精力集中，学知识可能会更快。从人身安全的角度来看，小手放背后就不会再去打别的小朋友了，那么学生之间的伤害事故也会减少。

应该说，这些分析都比较客观。"小手放背后"这样一个制度构建，既有利于老师的教学与管理，又有利于学生的成长与发展，可谓既是师本，又是生本。这也是目前很多幼儿园都在坚持"让孩子们小手放背后"的原因。但是，凡事"过犹不及"，小手放背后本身也有一个度的问题。在设计这个制度的时候，初衷无疑是好的。如果不注意把握度，一个好制度也会在执行中变成坏制度。

一位幼儿教师表示，她也曾坚持要求孩子们"小手放背后"，可就在一次做示范时，她突然发现，还不到 5 分钟，自己的手就有点儿酸了，浑身不舒服。她这才意识到，一味地强调坐姿，不仅限制了孩子的身体自由，甚至还可能分散孩子的注意力。因为原本应该集中在听课上的注意力，都耗费在摆正坐姿上了。

在交流中，也有老师指出，在某些幼儿教师考试卷的答案中，"教师对幼儿坐姿的要求"就是"坐稳且端正"，而非"幼儿自觉舒适即可"。难道上课

---

① 张烁. 幼儿园孩子的小手为啥放背后 [EB/OL]. （2014-03-20）[2018-03-17]. http://edu.people.com.cn/n/2014/0320/c1053-24686052.html.

时非得需要孩子们坐得端端正正吗?

也有人提出,"小手放背后"还有可能"束缚孩子心灵的健康发展"。一个从幼儿园起就被教育把手背在身后的孩子,将来怎么会有挑战权威的批判性思维?

场景二:举手发言制度

同学们穿着整齐的校服,端坐在教室里,双手交叉,叠放在课桌上,恭候老师上课。上课时坐姿端正,当老师提问时,同学们争先恐后地举手。老师随后点名其中一名学生回答,于是,被点到名的学生站起来回答问题。这时候,坐在后排的听课老师看到,没有被点到名的举手的学生,脸上闪过一丝失望的表情。

思考: 为什么要构建学生举手发言制度?

举手发言制度在我国各级各类学校都是比较常见的。在讨论中,有人从师本的角度进行分析,认为课堂教学在老师的主导下进行,学生跟着老师的节奏走,有利于老师完成教学任务;也有人从生本的角度分析,认为举手发言机制带有一定的竞争色彩,有利于培养学生的竞争意识。

实际上,老师鼓励学生积极举手,但不举手的同学也有可能被提问。然而,鼓励不等于必须。

还有人认为,每次被选中发言的学生,都是极少数的;而未被选中的学生,有的就有些失望。虽然这种失望稍纵即逝,但老师有没有思考,为什么有的学生可以享受被选中发言后的满足,有的学生就要承受强烈的失落感?

当然,也没有人能说清楚,当时老师为什么选这个学生发言,而不是选那个学生发言。是看谁手举得快、举得高?还是看谁一直没有举过手,这一次举了,就给他一次机会?学生不清楚老师的选择标准,可以说是"输得"糊里糊涂。

也有人认为,事实上不管学生举手还是不举手,老师心中都自有一套逻辑。从这一角度分析,学生举手这一制度设计就没有实际意义了,老师按照自己的逻辑确定发言人就可以了。

一个制度如果能够得到多数人的认可,那么这个制度应该是有一定的理论支撑的,但这个理论是不是能够适应时代的发展,就值得思考了。在举手发言的背后,隐藏的是老师的权威,是老师对课堂的控制。

既然是举手发言,那么在老师没有允许的情况下发言,就是扰乱课堂纪律。

---

① 百分网. 上课举手发言 [EB/OL]. (2018-02-10) [2018-03-19]. https://www.oh100.com/a/201501/224035.html.

当学生有想法时，老师不允许说出来，可能随后这个想法就没有了。人的灵感，有时候可以说是稍纵即逝的。从这个角度分析，举手发言不利于培养学生的发散性思维。

场景三：八条禁令

返校时间，陆陆续续有学生进入校门。在学校大门后的空地上，"八条禁令"展板引人注目。展板题目是"新时期学生管理'八条禁令'"，上面写着：1. 严禁打架斗殴，一经发现，勒令退学。2. 严禁外出上网，一经发现，勒令退学。3. 严禁偷盗，一经发现，勒令退学。4. 严禁在校内举行生日聚会，一经发现，勒令退学。5. 严禁携带手机，首次留校察看，回家一周反思；第二次勒令退学。6. 严禁谈情说爱（在校园男女拉手），首次留校察看，回家一周反思；第二次勒令退学。7. 严禁抽烟、喝酒，首次留校察看，回家一周反思；第二次勒令退学。8. 严禁考试作弊，手机作弊直接勒令退学；其他作弊首次留校察看，回家一周反思；第二次勒令退学。

思考：该校为什么要建构"八条禁令"？

以禁令的形式建构校规、班规，可以说是屡见不鲜。对于"八条禁令"，有人从师本的角度分析，认为学生正处于叛逆期，缺少应有的自制力，学校出台严格的规定，可以更好地规范学生的行为，从而引导其健康成长。也有人从生本的角度分析，认为仅仅从前半部分来看，有些禁令对学生成长还是有利的。例如，严禁打架斗殴，严禁偷盗，严禁抽烟、喝酒，严禁在校内举行生日聚会，严禁考试作弊等条款，还是有一定的合理性的。打架斗殴，受伤了怎么办；偷盗是违法行为，为人所不齿；抽烟、喝酒对身体健康不利；举行生日聚会，可能会引发攀比之风；考试作弊，影响诚信等。

应该说，这两种意见都有一定的道理。制度的建构者初衷是好的，但以提出禁令的方式来规范学生行为是否妥当，则值得商榷。以勒令退学为终极强制措施，用粗暴的围堵来代替教育，是在用反教育的手段来实施教育。这是典型的为了管而管，以致忘了出台管理制度的初衷。

学生生日聚会，我也不太赞成。学生生日，有的家长想让孩子请假回家过生日，我就没有同意。学生毕竟是来学习的，我建议家长利用周末提前或者延后给孩子过生日。当然，如果学生在QQ空间里发个祝贺生日的说说，我发现后也会第一时间表示祝贺。其实，想一想，自己的生日就是母亲的受难日，即便要纪念，也应该感恩母亲，而不是自己拿着父母给的生活费找几个同学庆祝。

我担任2015级护理12班班主任时，就出现过因为学生搞生日聚会，引发家长不满的事件。一个男生过生日，几个人利用周末跑到外面小聚了一下，还去歌厅唱了歌。我是从侧面了解到这一消息的，正准备周末在班会上提醒一下。可是还没有等到开班会，一位家长就打来了电话："涂老师，你们学校是不是有个传统，学生过生日都要互相请客？"

我一听就愣了："没有啊！学校里怎么会有这样的传统？"

他说："我上周给了闺女一个月的生活费，这一周就没有了。她还说同学生日要出去聚会，还要送礼物，需要钱。我们家长挣个钱很不容易，希望老师制止一下这种风气。"

这位家长的反馈很及时。因为涉及的人很少，为了不产生负面影响，我与几名班委进行了沟通，要求他们引领风气，一是自己不参与，二是发现苗头及时提醒。

班级学生人数多，每个月甚至每周都可能有同学过生日，也可能一周就有好几个过生日的。如果都搞生日聚会，一是经济上压力大；二是可能助长攀比之风、浪费之风。所以，我班班规在请假制度上明确规定，"生日不请假（爷爷、奶奶、姥姥、姥爷过生日除外）"。

为什么爷爷、奶奶、姥姥、姥爷过生日允许请假？毕竟老人年纪大了，与儿孙欢聚一堂，享受一下天伦之乐，也是人生幸事。这个时候，如果学生要请假回家尽孝心，我支持。

三、师本制度与生本制度特征分析

师本制度和生本制度各有其特征。下面我就尝试从制度内容呈现、管理手段选择、行为习惯养成三个层面进行分析。

1. 在制度内容的呈现上，师本制度注重控制，生本制度注重发展

以手机问题为例。不少职业院校学生上课玩手机、打游戏，严重影响学习。如何管理手机，很多学校都感到头疼。在与班主任座谈交流时，我也经常遇到为手机问题而苦恼的老师。

为了让学生不玩手机，有的学校与学生签订协议，承诺课堂不使用手机，违者没收；有的学校为各班统一配置手机袋，挂在教室前面或者后面。在每一

个小袋上面写上名字，学生课前把手机放进写有自己名字的袋中。这样一来，谁放了谁没放，一目了然。有的老师戏称："可以代替点名了。"当然，也有学生不愿意上交手机，但是又控制不住自己，上课玩手机，结果手机被没收了。

也有的学校不允许学生将手机带入校园。为了更好地落实这一制度，甚至在校门口设立手机探测仪。每一个路过的学生，都要扫一下看有没有带手机。

建构这样的制度，其初衷都是好的。但问题是，学生不玩手机了，他就学习了吗？学习动力机制不解决，仅仅控制使用手机，并不一定能够达到目的。

与控制相反，有的学校不但允许学生将手机带入校园，甚至还允许学生在课堂上使用手机。

曾见过这样一个场景，在一所纺织学校的课堂上，老师在给学生做裁剪示范。学生在旁边拿着手机录像、照相。老师提前把量衣服的步骤制成视频放入云班课，学生把老师讲的内容与视频对照，进一步加深印象。在这里，手机对学生来说就是学习的工具。

有的老师可能会说："您讲的例子都是专业课，我们普通课好像不太好用。"其实，不是好用还是不好用的问题，而是愿意不愿意用的问题。

我给学生讲授思政课，讲到"开启充满希望的人生——我的梦·中国梦"这部分内容时，发现教材编得非常接地气，完全可以"照本宣科"。但是为了让同学们更好地理解职业生涯规划的意义，在介绍了我自己的成长经历之后，我请同学们把手机拿出来，查看了某个人的经历。

随后，我请查到的同学做分享。

听了同学们的发言，我进行启发："为什么要请大家查看这个人的经历？因为他的成长过程十分励志，他可以说是一个先进行职业生涯规划，然后一步一步实施，并且走向成功的典范。"

从身边的人、身边的事讲起，可以达到事半功倍的教育效果。这个人在学生中知名度很高，他的成长经历无疑具有一定的说服力。不仅如此，我还告诉学生："信息查找能力，也是一项重要的学习能力。以后你们想知道任何信息，建议你们先不要想着问别人，而是要先用互联网查询。"

儿子高考结束以后，我在厨房备菜时，请儿子帮我查一查排骨的做法。他告诉我："爸爸，我觉得这个做法比较好，正好咱家有这些调料。"然后，我们共同完成了操作。难道我不会查排骨的做法吗？我就想通过这样一件事告诉他，手机不光可以打游戏，还可以成为学习的工具、生活的助手。

我建议学生，手机里一定要安装地图软件，并且要熟悉用法。如果想去哪里，把地址输入进去，就会出现"驾车""公交""步行""骑行""火车""客车"等各种出行方式可供选择。出行路线、所需时间、是否堵车等信息，均可以提前知晓。

2012年，我在浙江大学培训期间，休息时去看我堂弟。夜里回来晚了，大雨滂沱，根本打不到车。大街上没有其他行人，问路也不可能。我打开地图导航，选择步行模式。方向走错了，就会越来越远。看到越来越远，我就赶紧往回走。就这样，我顺利地回到了住处。

另外，职业院校的学生，大多学习英语有些吃力。然而，英语又是必修课，不但中专三年要学，而且将来参加对口升学考上大专、本科以后还要学。我建议同学们下载安装一款英语学习软件，并且选择屏保模式。对于那些有手机控的学生来说，一摸手机，首先出现的就是五个英语单词。关了之后，再用手摸，又出现五个单词。

手机现在已经成为一种生活方式，到菜市场买菜，可以直接用手机扫描二维码支付。假如班主任的管理思路还是不让学生使用手机，这不是让他与世界隔绝吗？中小学生年龄尚小，自控力稍差一些，出于身体健康考虑出台法规，限制手机等电子产品进校园倒也在情理之中。我认为在职业院校、高等学校教师可以转变思路，充分发挥手机的作用，使其成为学生的重要学习工具。

2. 在管理手段的选择上，师本制度注重惩戒，生本制度注重担当

以学生吸烟为例。大家都知道，吸烟有害身体健康，尤其是未成年人，更不应该吸烟。为此，有的学校建构制度：创建无烟校园，发现一次给予警告处分；也有的学校规定：吸烟经教育不改者，给予警告处分。两个规定，貌似区别不大，发现吸烟都是警告处分。但加了"经教育不改"五个字，性质就从"师本制度"变成了"生本制度"。

有班主任给我留言："我今年刚接一个新生班，学生大都在十五六岁，抽烟现象特别严重。有一个学生，已经因为抽烟受到留校察看处分了。如果再被抓住，就该被开除了。您说我究竟应该怎么办？"

还有的留言："班里女生吸烟现象严重，女厕所里烟头很多。这个问题我都在班上讲过，但就是解决不了，影响很坏。因为这个情况，已经劝退过一个学生了。现在还有人抽烟，我该怎么办？"

我能感受到他们的困惑。一味地使用强制权的班主任，会以惩罚、威胁作为管理手段，建构师本制度。但是"治标不治本"，思想问题不解决，学生该

吸烟还吸烟，劝退、开除都无济于事。

尽管烟草目前还不能完全杜绝，但公共场所禁烟已经成为共识。《国务院关于实施健康中国行动的意见》（国发〔2019〕13号）中明确指出，"吸烟严重危害人民健康。""鼓励领导干部、医务人员和教师发挥控烟引领作用。把各级党政机关建设成无烟机关。研究利用税收、价格调节等综合手段，提高控烟成效。"高铁上绝对不准吸烟，吸烟不但要被罚款，还要被拘留。如果造成了严重后果，可能还要承担刑事责任。曾经见到许多"瘾君子"，高铁停车短短两分钟，他也要下去抽两口赶紧再上来。他为什么不敢在车上抽？因为他害怕惩戒。

校园属于公共场所，绝对不准吸烟，违者予以处分。上至校长，下至老师、学生，吸烟都要受罚。

与注重惩戒相反，有的学校不但允许学生犯错误，还允许学生改正错误。他们规定，只有"吸烟经教育不改者"，才予以纪律处分。这种制度设计注重担当，把选择权还给学生，想被处分的就可以继续吸烟，想被开除的，还可以逐步升级处分，直至被开除。

2016级护理12班四个女生曾给我留言："涂爸，我们四个人在寝室吸烟，被生活老师抓住了。我们已经认识到错误了，请您原谅。"

我当时正在洗漱，不方便回复，等到洗漱结束，手机又没电了，想着等会儿再回，谁知一躺下就睡着了。第二天早上，我给她们回复了一个笑脸。

两天后的周日下午4时许，我来到办公室准备晚上开班会的资料，这四个女生来了，手里都拿着一张纸。对于初犯的学生，生活老师一般都让学生写检查，班主任签字后上交，是否上报学校进行处分，看认错态度。

我没有批评她们，而是请她们说明当时的情况以及心里怎么想的。

"想赢别喊停"说："我同学把烟装到我的包里了，我整理东西时一不小心掉了出来。她们几个都想尝尝，我们四个人就吸了两根。生活老师进屋检查时闻到烟味，她一问，我们就承认了。想着这事给您抹了黑，就赶紧在QQ上给您认了错。"

"尝了以后，感觉怎么样？好吸不？"听了她们的回话，我明白，这或许是一个偶发事件，就笑着问她们。

"不好吸！"她们四个人异口同声地说。

"那是你们吸的烟不好，我这里还有好烟呢，再尝尝吧？！"

"不吸了，呛喉咙！"一个叫"BY"的女生说。

第二章 制度建构

"没事，想吸烟时就接着吸。"

"可不敢再吸了！这就要背处分了。"

"你们要是不说，我还忘了这个事儿。你们自己查查，吸烟被抓住，够得上什么处分？"我把《学生手册》递给她们。

四名同学很认真地进行了对照，然后告诉我："是警告处分。"

"没事，才够一个警告处分。离开除早着呢！"我笑着说，"我来给你们算算账：吸烟第一次被抓住，是警告处分；第二次被抓住，升级成严重警告处分；第三次被抓住，升级成记过处分；第四次被抓住，升级成留校察看处分；第五次被抓住，开除。"我掰着手指头，给她们算细账。

"想不想被开除？"我问。

"不想！"

"不想被开除的话，那去掉第五次，再去掉被抓住的这一次，还可以再被抓住三次。"

说到这里，2016级护理12班班长"Open"正在我的办公室整理学生助学金资料，她插话说："抗议！涂爸，您怎么能让她们吸烟呢？"

是啊！我不能让她们吸烟，关键她们听不听我的？我说不让她们吸烟，她们就不吸了吗？我给她们算算账，如果这个结果她们能承受，是她们想要的，她们就接着吸。如果不是她们想要的，就不要再吸了。

把选择权交到学生自己手上，让学生为自己的选择负责任，才是班主任最明智的做法。一味地强制，有可能培养出具有双重人格的学生。班主任利用自己的专家权，晓之以理，动之以情，才能真正改变一个学生。

我把她们手中的检查接了过来，并在上面签字："鉴于该生认错态度良好，请予以酌情处理。"由于这份检查要交给生活老师，我拿出手机拍照留存资料以后，就还给了她们。

这几名女生写的是检查，此时教师用的是强制权。面对犯错误的学生，我一般要求她们写说明书，写清楚事情经过、当时的想法、事后的认识，以及将来的打算即可。这时候，用的就是专家权了。

让学生写说明书还是受魏书生先生的启发。当学生犯了错误后，魏书生先生让学生写说明书。用学生的话说，写说明书"能治懒病，还能提高作文水平"。"过去淘气了要写检讨书，那时越写越恨老师，现在写说明书，越写越恨自己。"[一]

[一] 魏书生. 班主任工作[M]. 沈阳：沈阳出版社，2000：225-226.

于是我就尝试在我的班级使用，效果良好。我在班里明确规定，连续两次犯同一种错误，就要写说明书。如果不改，还要加码。如果不想写说明书，就不要连续犯同一种错误。

当然，由于是初犯，再加上认错态度好，生活老师并没有上报学校处分她们几个。我也没再听说她们抽烟，最起码是没有被抓住。不然肯定会报到我这里来。到那时，就属于"经教育不改"了，处分是一定的了。

3. 在行为习惯的养成上，师本制度注重围堵，生本制度注重疏导

以学生恋爱问题为例。青春期的学生，如果男女生接触不当，很容易造成伤害。为了避免出现这种情况，有的学校就建构制度，规定"男女生禁止手拉手""男女生不能一对一地在一起""男女生之间的距离不能小于50厘米"等。

这种以围堵为手段的校规，真的能对学生的行为习惯养成起到良好作用吗？公开场合拉手能看见，私底下拉手班主任还能管住吗？什么叫"一对一地在一起"？一个男生和一个女生在一起走路，就是有问题的吗？难道正常的同学关系，就没有在一起走路的可能吗？规定"男女生之间的距离不能小于50厘米"，是不是一定要拿一把尺子量一下呢？

事实证明，班主任和家长对待早恋越是如临大敌，就越容易出问题。或许，男生女生仅仅是有些好感而已，离恋爱早着呢。班主任、家长一干涉，"谈恋爱"或者"早恋"这个标签贴上以后，会怎么样呢？那可能就非谈不可了。为什么？他们会想大家都觉得他们谈了，那就谈吧，两个人就真谈起恋爱来了。

与注重围堵相反，有的学校注重疏导，让男生女生学会交往。在学校层面，开设青春期心理卫生课、人际沟通课，从宏观上对学生进行引导；建构心理咨询室，鼓励有了"小秘密"的同学与老师畅聊。在学生层面，组建学生心理健康社团，以讲座、咨询等形式引导学生树立正确的婚恋观。

我在重庆讲课时，一名班主任说："非常赞成您的观点：面对学生恋爱问题，千万不能如临大敌，要注重疏导！我对我家女儿就是这么做的，结果还真管用。"

"是吗？能不能说说具体情况？"讲座内容能引起听众共鸣，我也很开心。

这位妈妈说："我的孩子上高中，有一天她告诉我，一个男孩给她写了一封情书。我直接告诉她，没事，你要是觉得好就谈。我对你的要求是不能影响学习，不能越界。"

"后来她谈了没有？"我想知道结果。

"没有。而且，她还跟同学说，你们知道我妈妈对我谈恋爱是什么态度吗？

我妈妈说，如果我觉得他好，我就谈，只要不影响学习，不越界。她这么一说，别的同学都很羡慕：'你妈妈怎么那么开明？！'"

我始终认为，面对孩子青春期的问题，无论是班主任，还是家长，都要做孩子的朋友。只要孩子能向家长、班主任敞开心扉，家长、班主任能端正态度，注重疏导，孩子就能顺利度过青春期。

我提醒学生：恋爱、婚姻、家庭是人生的必修课，无论是男生还是女生都必须慎重对待，不能儿戏。

第二节 如何着眼生本建构或者重构制度

仅仅把握师本制度和生本制度的内涵、特征还不够，还要围绕生本建构或者重构制度。只有着眼于立德树人建构或者重构制度，才能真正让制度建设在学生成长中发挥正能量。

一、回归初心看制度

在校规、班规执行一段时间以后，建议学校管理层、班主任总结反思一下，建构这个制度的初心是什么？执行了这么长时间，结果是否符合初心？如果与初心不一致，就需要重构制度。只有回归初心看制度，才知道制度建构是否合理。

以"三好学生"评比为例。1982年5月，教育部、共青团中央联合发出通知，公布《关于在中学生中评选三好学生的试行办法》[一]。文件中明确三好学生的基本标准是：思想品德好、学习好、身体好。此外，在各地各类学校评选省级"三好学生"的基础上，按当年毕业生万分之一的比例评选并确定的优秀学生，可享受保送生资格。"三好"制度以固定的评选比例、基本相同的衡量标准，在中国所有大、中、小学校普遍推行，深深影响了无数青少年。

无论是环境，还是人，都在不断变化。对于"三好学生"这项制度设计，我们也要反思，制度运行的结果与制度设计的初心是否一致？

这个制度设计的初心应该是通过一定的渠道把"三好学生"评选出来，从而激励先进，鞭策后进。三好学生的评选标准是思想品德好、学习好、身体好，应该说符合这三项标准的学生，都应该授予"三好学生"称号。这是实事求是

[一] 教育部和共青团中央. 关于在中学生中评选三好学生的试行办法 [J]. 人民教育，1982（06）：36-37.

的做法。

但是，由于理念所限，在制度设计中，又增加了一个指标限制。指标是人为设定的，是主观的，指标的多少取决于评选者的意志。指标设定的科学依据究竟是什么？更不用说，评选过程中由于种种原因，有时候还会出现追加指标的情况。

让客观的"三好"标准从属于主观的指标设定，这个制度设计是否合理呢？

从班级的角度来说，三好学生是以班级为单位评选的。也就是说，班级学生总数多指标就多，班里的三好学生数也就相应增加；班级学生总数少指标就少，班里的三好学生数也就相应地减少。原本符合"三好学生"标准，却因为指标问题，没有被评为"三好学生"，反而被贴上表现一般的标签，这对学生的成长有利吗？与此相反，原本不符合"三好学生"标准的学生，却因为指标宽裕，被授予了"三好学生"的称号，这又会对学生产生什么样的影响呢？

2012年3月，多位全国政协委员联名发起停止评选"三好学生"的提案。[1] 为此教育部发言人表示教育部并未对"三好学生"评选做出统一规定，不会干预学校做出决定。[2] 既然权力在学校，那么在"三好学生"的制度设计中，学校就应该回到原点思考，并且重构"三好学生"评选制度。

回过头来，我们再来分析一下"八条禁令"。建构新学期学生管理"八条禁令"这样的制度，初心究竟是为了管住学生，还是为了学生的发展？假如仅仅是为了管住学生，而不管对学生的成长、成才是否有利，那不就与教育的根本任务背道而驰了吗？教育的根本任务是立德树人，如果动不动就勒令学生退学了，还立什么德？树什么人？

二、一切不利于学生发展的制度都是需要重构的制度

以学习部检查公示制度变更为例。我在南校区做负责人时，发现学生会学习部检查公示制度设计理念存在问题。

例如，检查早读。"学习部检查结果公示：一班-37、二班-5、三班-21、四班-34、五班-22。2014年10月29日。"这五个班都是百人大班，"一班-37"的含义就是一班早上有37个学生没有按时起床上早读。

---

[1] 刘璞，石小磊，仇惠栋. 委员联名提案停止评选三好学生 网友评论超2000[EB/OL]. （2012-03-04）[2018-05-04]. http://news.sohu.com/20120304/n336604958.shtml.

[2] 林广. 教育部：并未对"三好学生"评选作出统一规定[EB/OL]. （2012-03-05）[2018-05-04]. http://news.sohu.com/20120305/n336732331.shtml.

由于天冷，早上有的学生偷懒起床晚。当然，也有人解释说，他们是喜欢熬夜复习，所以就没有早起。究竟因为熬夜复习而起晚，还是因为睡懒觉而起晚，恐怕只有学生自己清楚。我们要分析的是，这样的检查结果公示会给同学们带来什么样的心理暗示？

南校区全部是对口升学班，学生是否刻苦学习，与他将来能否考上大学关系很大。看到检查结果是负值，起床晚的学生心想："今天早上一班37个人没有来，我就是37个人之一。那么多人都没有起床，又不是我一个。没关系！"

这是典型的负面暗示。因此，这个检查结果公示制度的设计理念是有问题的。一切对学生的成长与发展有可能产生负面影响的制度，都需要进行整改。

我是南校区负责人，是组织任命的，拥有管理学校的合法权。所以，我建议学生会学习部重构检查结果公示制度，把注意力集中在表现好的同学身上。按照这一制度设计，没来参加早读的学生，起床后看到的结果就变成了"学习部检查结果公示：一班63、二班82、三班89、四班61、五班70。2014年11月25日"。

这会产生什么样的心理暗示？有一个经常喜欢睡懒觉的学生说："天啊，怎么那么多同学都起床复习了！他们怎么那么用功？！我来这里是干什么的？难道就是为了睡懒觉吗？一直睡懒觉，我能考上大学吗？不行，我也得早起复习。"

学生会学习部还有一个重要职能，就是考核各班人数。我发现他们的检查流程是这样的：学生干部进班，先转一圈，看看该班有没有做与学习无关事情的学生，然后点一下人数。走到门口时，再喊一嗓子："请班长出来一下！"

尽管声音不算太大，正在安静上自习的同学还是被打扰了。往往检查过后，二十多分钟还不能安静下来。"这样的检查究竟是促进大家学习呢？还是来捣乱？"在征求意见时，很多学生对此表达不满。

不少班主任对学生干部颇有微词，认为自习课乱的根源就在于学生会干部。这其实也不能埋怨学生会干部，毕竟他们仅仅是执行者。如果一定要埋怨，就要埋怨有权进行制度设计的人，没有真正围绕学生发展建构制度。

学生的主业是学习，学生干部更要带头搞好学习，在制度设计上一定要考虑这一点。当年，我当团委书记时，规定团干部学习成绩不及格一票否决，结果团干部学习都十分努力；规定不准利用上课时间搞活动，结果老师们再也不抱怨上课缺课人数太多了；规定不准利用晚自习时间以工作为名离开教室，结果个别团干部再也不能打着团委的旗号跑出去玩耍了。

为了让学习部真正成为促进学生学习的组织，而不是"扰民"的组织，南校区重构了晚自习检查制度。规定每个班在教室黑板的右上角写上总人数、走读生人数、空位、请假人数、时间。学生会干部悄悄地进班，数一数有多少空位，看一下讲桌上放着的请假条，与黑板上的数据资料一一对照核实。然后通过简单的加减运算，就会知道班里有多少人。

三、如何从生本的角度建构制度

从报酬权和强制权两个层面分析，我们可以把制度分为评价性制度和禁止性制度。

1. 评价性制度

评价性制度就是为了对学生综合素质进行科学评价而建构的制度。建构评价性制度，不是为了区分好与坏，而是为了激励先进，鞭策后进，从而让学生明事理、知荣辱。

制度建构就是指挥棒。公平、公正、公开地评选先进，并且评出方向、评出团结、评出干劲，是评价性制度建构的基本原则。

在评优制度设计中，我校规定学习成绩占70%（其中考试课均分占70%，考查课均分占30%），平时表现占30%。在执行中，学习成绩这70%好算，因为各科教师都会给出期末成绩，用公式一算就出来了，难就难在平时表现这30%如何落实。将考核制度合理建构、执行，是正班风的关键。

为此，我建构了《班级量化考核实施细则（试行）》，将纪律、卫生、寝室、课堂、自习、手机、文体、团课、团结友爱、好人好事等表现，都一一记录在案，并且落实到人，做到日公开、周小结、月汇总。期末时，把每个月的分数加在一起，就是这个学生一个学期的量化考核成绩。在评优奖先中，这个量化考核分数占30%，加上学习成绩的70%，得出一个总分，然后就按照从高分到低分与优秀指标相结合的原则进行评比。

按照这一制度设计，班级谁拿奖学金、谁当三好学生、谁当优秀学生干部等，我这个班主任说了不算，全看学生的综合表现。学生自己评不上，当然也不会埋怨班主任。

有时候我同时担任两到三个班的班主任，往往是越当越省心，原因就是靠制度来管人，而不是靠人来管人。学生刚入校时，可能还不太明白制度落实对他们意味着什么，等到第一个学期结束，评优奖先结果出来了，他就完全明白了，我这个班主任说的全是真的，想评优，只能靠自己。

第二章 制度建构

任何制度在执行中都需要与时俱进。在执行《班级量化考核实施细则(试行)》的过程中,我发现有的学生尽管平常表现不积极,为班级做的贡献不大,但是因为学习成绩好,最后总评分还是排到了前面,评优奖先都有份。而平常表现积极的同学,却因为学习成绩稍微差一点儿就拿不到奖。

经过分析,我发现产生这一现象的根本原因在于:制度设计中学习成绩占70%,平时成绩占30%,比重不太合理。因为平时成绩比重小,所以即便平时表现突出,他可能也比不过只知道埋头学习的同学。

教育,尤其是职业教育,不能唯分数论。为了评出方向、评出团结、评出干劲,我对《班级量化考核实施细则(试行)》进行了修改。

原来平时表现分是这样算的:全班平时表现最高分是300分,即这名同学为满分30分。张三平时原始分为270分,那么张三平时表现分折合为27分(270÷300×30);李四平时表现原始分为240分,那么李四平时表现分折合为24分(240÷300×30)。依此类推,就可以计算出所有同学的平时分数。

修改后的平时表现分是这样算的:平时量化分不再限制为满分30分,而是直接乘以30%。平时成绩如何计算,本就是班级内部的事情,学校并未做出明确规定。所以,做这样的变通,并不违反学校平时成绩占30%的规定。当然,这个制度必须是学期之初就酝酿、制定、公示,宣布之后开始执行的。不能等到学期结束了,再宣布修改制度。如果是为了照顾某个同学,专门改变制度,就更不可取了。

按照新的算法,张三进入总评分的成绩就不再是30分,而是270分乘以30%,是81分;李四是240分乘以30%,是72分。

在实际操作中,我们班执行的是给每一个学生量化基础分80分,然后在这个基础上加扣分,所以表现好的同学高于100分是很正常的事。

假定全班平时表现最高分是300分,张三学习成绩平均80分、李四学习成绩平均90分,张三量化原始分为270分,李四量化原始分为240分,全班量化原始最高分为300分。现在分别按修改前后的不同计算方法计算两个人的班级排名。

修改前:

张三总评成绩:80分×70%(学习成绩总评)+(270分÷300分×100分)×30%(平时表现)=83分

李四总评成绩:90分×70%(学习成绩总评)+(240分÷300分×100分)×30%(平时表现)=87分

按照这一算法，李四总评成绩排在张三前面。

修改后：

张三总评成绩：80分×70%（学习成绩总评）+270分×30%（平时表现）=137分

李四总评成绩：90分×70%（学习成绩总评）+240分×30%（平时表现）=135分

按照修改后的算法，张三总评成绩排在李四前面。

班级排名先后，关系到评优奖先。尤其是奖学金，往往一等奖和二等奖差别很大。以我校为例，班级一等奖学金1000元，二等奖学金就是500元。一个班一等奖学金往往就一个名额，按修改前的算法，一等奖学金是李四的；如果按照修改后的算法，一等奖学金就是张三的。

其实张三和李四之间，只不过一个是学习成绩80分、平时表现量化原始分270分，另一个是学习成绩90分、平时表现量化原始分240分。我们学校要求学习成绩不及格一票否决，没有评优资格。学习成绩80分与90分，都是符合要求的。那么平时表现之间相差的这30分，一分值多少奖学金呢？大家可以计算下。

有的班主任说，学生根本就不在乎平时的量化分。这么一算，是不是就在乎了？当然，可能会有班主任提出疑问，这样重视平时表现分，是否合适？现在让我们回过头来看一看，这份《班级量化考核实施细则（试行）》具体是怎么规定的：

班级量化考核实施细则
（试　行）

一、常规管理

1. 纪律：迟到、早退一次扣0.5分，旷课（含正课、自习课、劳动课）一节扣2分；迟到超过15分钟以旷课论处；一月全勤，加5分；两月全勤，加10分。病假有证明材料者不扣分；没有证明材料的，以旷课论处，并写出说明书。

2. 卫生：所有加扣分按照值日分工落实到值日生本人；值日生因故不能值日，提前安排找人替并告知组长，加分给替代的同学，扣分给值日生本人；两个人以上参与值日，其中一人未到，表扬加倍给参与值日的同学，扣分只扣缺勤值日生的；值日生未到，主动或者在组长安排下帮助值日，加分给帮忙的同学，扣分只扣缺勤的值日生；值日生值日结束，学校未检查之前，因值日生以外的原因扣分者，扣直接责任人分数；个人责任区内有垃圾、杂物，扣1分。以上卫生情况，由值日组长负责报给生活委员或值日班长，记入班级日志。

3. 寝室：所有加扣分落实到人。由寝室长或者生活委员负责，每日呈报值日班长，记入班级日志。寝室加分加全体；因值日生原因扣分的，扣值日生；因个人原因明确扣分的，扣个人；未明确的，按学校扣分，直接扣全寝室学生的考核分（不平均扣）。

4. 其他：学习、体育、文督、组织、宣传、文体等各部检查，加扣分原则上落实到个人，由班委、团干协助值日班长，记入当日班级日志。如班级整体加扣分，每人加扣1分；有明确到个人的，按学校扣分直接扣个人分。

5. 因同一原因连续扣分的，第二次扣分写500字说明书，第三次扣分写1 000字说明书，以后每多一次在前次字数基础上增加200字。

二、习惯养成

1. 课堂：主动参与课堂讨论，每次加1分，同一教师两节课加分不超过3分；课堂被老师点名表扬或者批评一次，加扣5分；作业按时上交加1分，经催促上交不加分，不交扣2分。换位扣5分（包括自习），上课下座位扣5分。

2. 自习：整体批评或者表扬，加扣分至全班同学；被学生会点名扣分，扣分至个人；被值日班长或者班委三次提醒不改者，记入班级日志，扣5分。

3. 手机：手机放入手机袋或者放在教室前后充电一节课，加0.5分；手机带在身上，一节课扣0.5分；上课玩手机被点名批评，一次扣5分。正课、自习课手机响扣3分，交手机后再拿走者扣3分；记名之后上交手机不加不扣。

4. 文体：积极参与者加3分；表现突出，被学校评为优秀奖者，另外奖励5分；不服从班委、团干部安排，拒不参加活动者，一次扣5分。

5. 团课：上团课期间做与团课无关的事扣5分，点名后仍不改正或者态度不端正者扣10分。

6. 团结友爱：骂人扣5分，吵架扣10分，打架扣20分；同学生病，主动陪同看病，加2分。以上情况由寝室长、组长、班委、团干部、班主任据实反馈给值日班长，本人也可以主动反馈至值日班长或者班主任，核实后记入班级日志。

7. 好人好事：做好事，加 1～5 分，视情况由班长、团支书讨论决定加分比例。

三、结果使用

1. 奖励：班级月考核前 10 名的同学，适时通报家长，予以表扬；月考核后 10 名者写说明书，主动找班主任沟通说明情况；第二个月仍在倒数第 10 名以内者，除约谈本人外，通报家长。

2. 评优：作为班级评优奖先依据。学习成绩 70%+ 平时表现 30%（以软件计算为准，上不封顶）= 总分，按总分高低结合班级优秀指标评选三好学生、优秀班干部、优秀团干部、优秀团员、奖学金等荣誉。

3. 济困：按照考核总分、结合本人实际，根据学校名额确定济困名单，平时表现突出者优先。

4. 特权：新学期开始，班级综合表现名次靠前的同学优先挑选座位。

这份《班级量化考核实施细则（试行）》不但将学校对班级的考核落实到人，培养学生的担当精神、责任意识，而且将团结友爱、好人好事等都包含在里面。

有的班主任可能会说，如此加分、扣分有用吗？当然有用。因为加分、扣分是信号，信号就是方向。"在管理中，对人的某种行为给予肯定和奖励，使这个行为巩固、保持、加强，这叫作正强化。对于某种行为给予否定和惩罚，使之减弱、消退，这叫作负强化。"[一] 凡是班主任鼓励的事情，就设定为加分。例如，想让同学之间互相关心、团结友爱。同学生病了，凡是主动陪同看病的，就加分，这就是正强化。学校大型考试前夕，班长"Open"宣布愿意参与布置考场的，请主动留下来。考场布置好以后，我看她一下子表扬了十几个同学，并且按照班规给每个人加了 5 分，这就是对主动布置考场的同学的肯定和鼓励。

当然，所有反对学生做的，也可以用扣分来表示，这就是负强化。例如，骂人，谁敢骂人就扣谁的分；谁不按时交作业，也扣谁的分。

当然，用加分和扣分当信号，也可能会出现有的学生是为了加分才好好表现的现象，加分就干，不加分就不干，表现出很强的功利性。这要从两方面来分析，一是做好事形成习惯以后，即便不加分了，他也会自觉自愿地去做。人人都这样做，健康的班级文化就形成了；二是引导学生提升自己的境界。不管

[一] 李荣，聂志柏. 中国积分制管理 [M]. 武汉：长江出版社，2014：22.

班级给不给自己加分，都要凭自己的良知去做。加分是班级对自己的鼓励，不加分也要自觉去做。这样一来，制度与成长就融合在一起了。

在评优奖先制度建构之时，就把学习成绩、做人做事都考虑进去，这样的总评分数无论如何运用都不过分。

2. 禁止性制度

禁止性制度就是为了帮助学生遵守校规、班规而建构的制度。建构禁止性制度，目的不是禁止某种行为，而是让学生明白行为的后果或者意义，从而讲规矩，懂担当。

以旷课为例。有的学校规定，"连续旷课两天或者一学期累计旷课四天者（每天按学时计算），给予警告处分"。这就属于禁止性制度，不是说不让学生旷课，而是说学生如果旷课，达到一定节数就要被处分。旷课行为和处分之间，是因果关系。当学生选择旷课并且达到一定节数的时候，就等于选择处分。

一天，一个熟人给我打电话："涂老师，我侄子在您学校上学，旷课两天，班主任要处分他。您能不能去说说情，别处分他了。"

遇到事，不是想着让孩子如何承担责任，而是想着通过熟人免了处分，这种思想观念，非害了孩子不可。我告诉他："您让孩子来找我吧，我问问情况，然后给您回话。"

随后，这位名叫"旧城"的孩子来到我办公室，下面是我们的对话。

> 涂涂："为什么要旷课？"
> 旧城："出去考驾照了。"
> 涂涂："知不知道，不来上课要请假？"
> 旧城："知道。忘了。"
> 涂涂："知不知道，旷课要受处分？"
> 旧城："知道。我学习了，连续旷课两天警告处分。"
> 涂涂："如果不处分你，别的同学会不会有意见？"
> 旧城："肯定会有意见。"
> 涂涂："那你说，接下来你希望我怎么做？"
> 旧城："老师，您不用帮我去说情了。我故意旷课，就应该受处分。我吸取教训，接下来，我要好好表现，争取撤销处分就是了。"

"旧城"态度很端正。既然做了,就要勇于担当。

面对旷课的学生,班主任要不要生气呢?当然不要生气。只要学生能明白旷课行为的后果就行了。有的班主任说:"处分影响班级形象,甚至可能影响班级评优。我不敢上报学校,要替他隐瞒下来。"这种想法很危险,如果将来走向社会,他明知故犯,违反了法律,您还能替他隐瞒吗?

班主任要教育在先,不搞"不教而诛"。如果没有教育,学生违反了校规校纪,班主任是有责任的。如果班主任已经教育到位,但学生仍然故意违反校规校纪,那就是自己想受处分。班主任不上报学校,应出于有利于学生成长考虑,而不应出于功利性目的。

做班主任的,帮助学生成长成人才是第一位的。少些功利之心,看破荣辱得失,方能实现立德树人。

第三节 规定之外如何落实制度

制度建构的初心是为了学生的发展。制度一旦制定出来,就具有了规定性和严肃性。然而,制度无情人有情,从建构制度的初心出发,一旦出现与制度规定和学生成长相冲突的现象,就应该通过一定的程序修改制度或者变通执行。

一、"一切照着规定办"与制度建构的初心相悖

回顾制度出台的过程不难发现,一切制度的建构都是制度制定者的初心与单位的实际情况相结合的产物。然而,无论制度建构者在制度出台前考虑问题多么周密,随着制度的运行也会出现新情况、新问题。

以寝室锁门为例。为了加强学生公寓管理,我校规定学生必须赶在21:40之前回到寝室,21:40锁楼门,周六、周日也不例外。

一天,我在学校值夜班,一位名叫"WH"的老师说:"我上周六晚上12点巡查时,发现两个女生在操场上坐着,上前盘问才知道,因为回来晚了一会,寝室管理员不给她们开门,她们打算在操场上坐一夜。怎么能这样呢?这万一遇到坏人或者冻坏了怎么办?我去给她们喊门,管理员也不给她们开门,说是不能违反规定。遇到这种情况,您说该怎么办?"

管理员不给开门,这两位女生就打算在操场上坐一夜。有的男生回来晚了,管理员不给他们开门,他们就翻墙出去,到网吧待一夜。

规定寝室锁门时间，是为了学生安全。现在学生回来了，不给开门，他们在操场上坐一夜，或者再翻墙出去到网吧待一夜，一旦出了安全问题，悔之晚矣。

有的班主任可能会说，谁让他们不遵守规定呢？难道他们不遵守规定就应该受到这样的惩罚吗？学校是教育机构，不是专门的惩戒机构。

学生既然回来了，门是一定要开的，该登记姓名就登记姓名，该通知班主任就通知班主任，如果需要上报学校给予处分或者扣除量化分，按规定执行就是了。如果还没有做出规定，那就建构制度，补上这一制度漏洞。绝对不能死守规定，置学生的安全于不顾。

毕竟除了制度之外，还有人情。难道自己的孩子犯了错，当父母的看到他们在外面坐着也不给开门吗？既然家长把学生交到了我们手上，我们就要像他们的父母一样爱他们。否则，不管你是在什么岗位，都不配老师这个称号。

"一切为了学生，为了学生的一切，为了一切学生。"在"三个一切"中，本身就包括违反了纪律的学生。违反了纪律的学生，依然是我们的学生，他们不应该被抛弃。

二、规定之外，彰显的是人本情怀

"一切照着规定办"是一种不负责任、无所作为的心态。因为规定只是底线，规定之外，我们还有很多事情可以替学生做，可以做而没有做，就是不作为。

我在南校区时，一位家长给我打电话："今天我去给闺女送衣服，她正在上课，手机静音，没有联系上她。你们寝室楼门锁着呢，我敲门和寝室管理员说想先把衣服放值班室，等闺女下课了再来拿。那个管理员说，按规定不能开门，也不接我的衣服。"

学校规定，学生上课期间，寝室锁门，学生与家长均不得入内。建构这个制度的目的是督促学生都去上课，不要迟到，同时也确保财物安全。

作为寝室管理员，为学生服务是职责所在。学生家长来给孩子送衣服，按规定不能开门。然而，规定是死的，人是活的。做出这些规定的目的是为了学生好。作为管理员，是不是可以先接收衣服，问清班级、姓名，等学生放学了再交给学生？

担任2017级护理12班班主任时，一次我出去开会，一个叫"银河"的学生给我留言："我早上起来的时候感觉头晕、发烧，没当回事，去班里吃了两粒退烧药。现在喉咙痛、难受，我想出去看一下，望涂爸批准！"

按照我们班的班规，他有病不舒服要先在群里请假，我批准之后，同学们就知道他请假了。班长会给他开"班委留"，以备任课老师或者学校教务科查看。如果是小病，他可以直接到学校医务室看病。如果病情严重，必须出门到校外医院看病，可以到我办公室来拿出门证。这一次因为我出去开会，就提前给班长交代了，如果有人请假，等我批准之后，可以把出门证给他。

但是因为开会手机要调静音，我没有看到他的留言，打电话我也没有接到。后来，我看到班长给我留言："'银河'病了，给您打电话您没接。我摸他的头还是有点儿烧，就先把出门证给他了。我让他随后给您发诊断证明。"

看到班长这个留言我十分欣慰。按说，我没有批准，班长不能给出门证。但我提前交代了，我在开会。她考虑到我可能看不到留言，接不了电话，又事关同学的身心健康，为了稳妥起见，还专门摸了摸对方的额头，发现有点儿烧。

世事复杂，总有许多预料不到的情况发生，因而必须学会变通；不会变通是行不通的。

用哲学的语言来说，是原则性必须与灵活性相结合。同学生病，班主任在开会不能及时批准，为了不耽误看病，班长就先给出门证，然后给我留言说明情况。这就是"事急从权"。

规定需要遵守，每一个人都要树立规定意识。但使用规定时要思考：怎样做才能既不违反规定，又符合制度建构的初心——立德树人。

第三章

教育过程

很多班主任常常感到困惑,为什么一贯表现优秀的"学霸",却做出一些让人大跌眼镜的事情?为什么平时表现一般,甚至还有点儿缺点的学生,最后却逆袭成了"黑马"?究其原因,就在于教育是有规律的,人的成长过程也是有规律的。作为班主任,在教育学生的过程中只能契合规律,而不能违背规律。

第一节　人的成长轨迹是什么样的

人的成长轨迹是直线式上升的，还是波浪式上升的？我曾经不止一次地与班主任讨论这个话题。结果大家都选择波浪式，很少有人选择直线式。这说明大多数人都清楚人的成长过程本来就不是一帆风顺、直线上升的。但是，为什么一面对自己的学生，看法就又变了呢？

一、关于一组高考漫画的讨论

2016年，高考语文全国一卷，作文是一组漫画材料：第一组两幅图是一个孩子考了100分，家长给了一个吻，一个孩子考了55分，家长给了一巴掌；第二组两幅图是上一次考了100分的孩子考了98分，家长给了一巴掌，而上一次考了55分的孩子考了61分，家长给了一个吻。

第一组图不是本章分析的重点，重点是第二组图。我们不禁要问这位家长，从100分到98分就应该给一巴掌吗？一场考试下来，影响孩子分数高低的因素有很多。学习内容的难易程度、孩子的努力程度、试卷的难易程度、现场的发挥情况等，都有可能影响分数。

与上一次考试的内容相比，如果本次考试的内容偏难，孩子仍然考了98分，难道不应该鼓励吗？内容偏难，但孩子学习更努力，这才考了98分，难道不应该鼓励吗？这种努力仍然换来一巴掌，会不会让孩子很伤心，甚至自暴自弃？

在学习内容、努力程度不变的情况下，试卷整体的难易程度，也会影响孩子的考试成绩。谁也不能保证考试内容中没有超纲题，或许孩子是因为题目超纲没有做出来。如果出现这种情况，能一味地埋怨孩子吗？

即便学习内容难易程度、学习努力程度、试卷难易程度都没有问题，考场上的发挥也很关键。由于紧张或者时间安排不合理，会的题没有做出来，或者会的题没有时间做，都十分正常。一次考试没有发挥好，本来对自信心就是一个打击，家长再给一巴掌，下次上了考场会不会更紧张？如果出现恶性循环怎么办？

就考试而言，失误是家常便饭，成绩高高低低也是平常的事情；就人的成长而言，走弯路也是常见的，有波峰有波谷也是一件平常的事情。

二、成长是一个过程

分享一下我的成长经历。

当时农村小学学制五年，我只上了四年半。1979年秋，我家所在的村子里的小学做了一项大胆创新，开办了"小一年级"，专门招收第二年达到上学年龄的孩子来学习，类似于现在的"学前班"。与其他正常上一年级的学生相比，我们开学整整晚了半年。可是好景不长，才上了一个多月，我们"小一年级"就解散了。学校从中选了几个经常考"双百"的学生，"跳级"送入"一年级"学习。我就是其中之一。

因为是"跳级"，刚开始学习很吃力，考试成绩也不理想。直到三年级，我的成绩才慢慢追上来，并且代表学校参加全乡南片知识竞赛，还考了第三名。小学毕业时，我以全乡南片第二名的成绩升入乡中学。

带着全乡南片第二名的光环，我走进了乡初中——杜集中学。由于当时没有实行九年制义务教育，整个南片十几个大队（每个大队下辖十几个至二十几个自然村），只招收了不到60个初一学生。

新开化学课后不久，老师说两个月后全乡要组织化学竞赛。由于小学时尝过竞赛的甜头，我告诉自己一定要参加竞赛。在老师宣布竞赛的消息前，我的化学成绩并不理想，连基本的原理都没有掌握。既然决心已定，我抽空就背诵化学基础知识，不会的就向老师请教。最后，我不但被选中代表学校参赛，而且获得了全乡第二名。这是我初中时唯一值得骄傲的成绩。

英语就不像化学这样顺利了。英语也是新开的课程，我记不住，也和其他同学一样，大都是用汉语拼音标注。现在想来，也不是记不住，而是没有花时间去记。

由于成绩不好，我的心理落差很大，也就从心里不喜欢英语老师。对英语也越来越排斥，当然成绩也越来越差。到初三，基本上是两个第一：交卷第一，倒数第一。后来，一直到大学，英语都是我的短板。

初三毕业时，我考了283分，名落孙山，没有考上高中。

郭庄乡中心校专门招收了一个70多人的复习班，我们称之为"初四"班。就这样，我开始了自己的"初四"生活。"初四"的学习紧张而忙碌。我一改初中前三年的贪玩，知道学习了。我又一次参加中招考试，总分考了435.5分，全乡第一，被夏邑县高级中学录取。

> 高中入学后，我分到了高一（4）班。在第一学期期中考试中，我考了全班第十一名。高二分科我选择了文科，被分在了高二（2）班。第一学期期中考试成绩揭晓，全班70多个人，我排到了50多名，可以说是非常糟糕了。我告诉自己，一定要把成绩赶上来。功夫不负有心人，高二第二学期期中考试，我考了班级第三名。从此以后，成绩基本上稳定在前三名。
>
> 高考成绩出来了，我考了479分。当年大专线468分，本科线474分，重点线490分，重点大学投档线是480分。我高出本科线5分，以应届生的身份被河南大学思想政治教育专业录取，圆了我的大学梦。

成长是一个过程。"好学生"和"差学生"是可以相互转化的，"好学生"可以变好也可以变差，"差学生"可以变好也可以变得更差。就学习成绩而言，有好有差是正常的，初中、高中学习成绩的优劣，并不能代表一生成就的大小。

三、用发展的眼光看待学生成长

在洛阳市骨干班主任培训班上，一位张姓老师说："我和您的经历一样，也是初三复读一年。复读的时候睡过懒觉、逃过课，好在考上了高中。到高中之后，我还是不知道学习，只知道玩，一次我的数学只考了50多分。这时候我才意识到，如果再不好好学习，我的数学就完了。从那以后，我就开始好好学习。高一的时候还是50多分，高二期末考试我的数学就是全班第一了。"

张老师高一的时候数学差，最后通过努力追了上去。在这一点上，我不如她。中考时，虽然通过努力英语考了75.5分，但我对英语学习一点儿兴趣都没有，到最后干脆就放弃了。英语老师发的练习卷，都被我拿来当了演草纸。高考成绩揭晓，我的英语考了57分，和我的估分基本一致。这是我进入高二、高三以来英语取得的最好成绩。

木桶原理告诉我们，木桶的最大容量不取决于最长的木板，而取决于最短的那块木板。这样一来，偏科的学生参加中考、高考时往往比较吃亏。

人民教育家陶行知先生说："你的教鞭下有瓦特，你的冷眼里有牛顿，你的讥笑中有爱迪生。你别忙着把他们赶跑。你可不要等到坐火轮、点电灯、学微积分，才认识他们是你当年的小学生。"㊀ 面对成绩差的学生，不能一棍子把人打死。我时刻提醒自己，一定要用联系的、发展的、全面的观点看待学生。

㊀ 胡晓凤，等. 陶行知教育文集 [M]. 2版. 成都：四川教育出版社，2007：257.

第二节 教育过程中知与行如何转化

教育过程中，最让我感到头疼的问题莫过于学生知与行脱节。有的学生讲起道理来头头是道，一旦落实到行动上就出问题。如何教育、引导学生做到知行合一，是教育的大难题。

一、知行关系的经典论述及启示

从一般意义上来说，知指知识、知觉、认识；行指行为、行动。知行关系，一直受到中国哲学家的关注。西方哲学讲知行问题侧重于认识论，中国传统哲学讲知行问题除了包括认识论问题之外，更侧重于伦理道德，即"道德意义的知和道德意义的行"[一]。从先秦时期到现在，哲学家对于知与行之先后、轻重、难易，各有所辩难，以朱熹先生、王阳明先生、陶行知先生有关知行关系的论述为代表。

1. 朱熹

朱熹是著名的理学家、思想家、哲学家、教育家、诗人，闽学派的代表人物，儒学集大成者，世尊称为朱子。

在知与行的关系上，朱熹先生认为知行不可分离，提出："知、行常相须，如目无足不行，足无目不见。"（《朱子语类》卷九）在他看来，知行关系有如眼睛和双脚的关系。离开眼睛，双脚不知道向哪里走；没有双脚，眼睛无法达到要去的地方。可见，知行相互联系，缺一不可。从"理在事先"的本体论原则出发，朱熹接受程颢、程颐"知先行后"的看法，但又力图纠正他们"重知轻行"的偏向，提出"行重知轻"的新观点。[二] 他说："致知、力行，用功不可偏。""论先后当以致知为先；论轻重，当以力行为重。"（《朱子语类》卷九）

朱熹先生的知行观，强调的是认识和实践的关系，指向的是个人道德修养和实践。由于道德实践需要伦理指导，因此他强调"知为先"。又因伦理道德不能只流于空谈，所以他又强调"行为重"。"知先""行重"是道德实践的两个方面，有其内在的逻辑一致性。

[一] 张世英. 哲学导论 [M]. 北京：北京大学出版社，2002：292.
[二] 宋志明. 中国古代哲学通史 [M]. 北京：中国青年出版社，2016：382.

从朱熹先生的知行观来看德育就是学生入校以后，班主任以习近平新时代中国特色社会主义思想为指导，围绕社会主义核心价值观，对学生进行心理健康教育、理想信念教育、中国精神教育、道德品行教育、法治知识教育、职业生涯教育、心理健康教育，这就契合了"知为先"。

但是，知道不等于做到，知行合一才是关键。德育的目标是把学生培养成为爱党爱国、拥有梦想、遵纪守法、具有良好道德品质和文明行为习惯的社会主义合格公民；成为爱岗敬业、诚信友善，具有社会责任感、创新精神和实践能力的高素质劳动者和技术技能人才；成为中国特色社会主义事业的合格建设者和可靠接班人。要做到这一点，又必须强调"行为重"。

从朱熹先生的知行观来看待管理，入校以后要对学生进行校规校纪教育，使其"晓规矩"，以帮助学生做到"知为先"。然而，即便学生把校规、校纪背得滚瓜烂熟，如果不能落实在行动上，这种学习就没有意义。因此，又必须强调"行为重"。

从以上角度分析，朱熹先生的知行观对我们教育学生是有启发意义的。

2. 王阳明

王阳明先生是著名的思想家、文学家、哲学家和军事家，陆王心学之集大成者。

知行关系是宋明理学讨论的主要话题之一。王阳明站在心学的学术立场上，不认同程朱理学的知行关系说。他认为，知行关系不是先后关系，也不是轻重关系，而是"合一"关系。所谓知行合一，"就是说知就是行，行就是知，二者之间不存在绝对的界限"。[一]

王阳明说："某尝说：'知是行的主意，行是知的功夫；知是行之始，行是知之成。'若会得时，只说一个知，已自有行在；只说一个行，已自有知在。"（《传习录》）人们在"行"之前，一般都要制订计划、方案，故说"知是行的主意"；而"知"只有通过"行"才得以体现，故说"行是知的功夫"；当有了计划、方案时，"行"就开始了，故"知是行之始"；而一旦把计划、方案付诸实施，就是"知"的完成，故"行是知之成"。王阳明接触了认识与实践相统一的思想，其结论是："则知知行之合一并进，而不可以分为两节事矣。"（《传习录》）不过，他存在着把知行混为一谈的问题。

尽管"知行合一"说直至王阳明才明确提出，但在中国哲学史上占主导地位的儒家大都有知行合一的思想，只不过他们有的重知，有的重行。孔子反对"言

[一] 宋志明. 中国古代哲学通史[M]. 北京：中国青年出版社，2016：403.

第三章 教育过程

过其行",孟子主张"养"浩然之气,将善端扩而充之,"强恕而行,求仁莫近焉"(《孟子·尽心章句上》),都含有知行合一之意。程颐虽然主张"以知为本",但认为"知之深,则行之必至,无有知之而不能行者","知而不能行,只是知得浅"(《二程遗书》卷十五)。这可算作王阳明知行合一说的先声。

"王阳明以前的一些儒家特别是程颐和朱熹一派的理学家,其所谓知行虽然主要是指道德意义上的知行,但比起王阳明来,毕竟还包含有西方哲学传统所讲的认识论意义上的认识与实践的含义,所以他们关于知行问题的理论总体来说虽然还是以知行合一的思想为主导,但毕竟还包含把知与行看作两事而非一事的思想,因为认识论意义上的知与行即认识与实践,的确是可以发生知而不行(有了认识,但不去实践)或行而不知的情形的。可是道德意义上的知行则是紧密联系,不可须臾分离的。"⊖ 在王阳明看来,所谓"知行合一",不是一般的认识和实践的关系,而是专门从道德意义上讲的。所以在他那里,知与行合一的程度达到了前人所未曾达到的最高峰。在这里,"知"是指良知,即人与生俱来的道德感与判断力。"行"主要是指致良知,即人的道德践履和实际行动。因此,知行的关系是指道德意识和道德践履的关系,也包括一些思想意念和实际行动的关系。

王阳明认为,当人不为私欲所蔽时,人既能"自知"其良知,亦必能实行此良知。但因私欲障碍,人往往不能实行其良知,以致知行分离,这就要致良知。每一个人都有良知,只要能确保行为选择是具有道德意义的,又能按选择去实施行为,就可以成为圣人。

王阳明先生还提出了"一念发动处,便即是行了"(《传习录·门人黄直录》),此处的行,是指道德意义上的行。若把它当作认识论上的问题,则诚如王阳明所说,"只因知、行分作两件,故有一念发动,虽是不善,然却未曾行,便不去禁止"(《传习录·门人黄直录》)。但此"一念"即是道德意义之"念",则念善便是道德,念恶便是不道德,故一念之初便已是行。道德意义之念即是道德意义之行,道德就是要讲动机("念")。王阳明说:"我今说个'知、行合一',正要人晓得一念发动处,便即是行了;发动处有不善,就将这不善的念克倒了,须要彻根彻底不使那一念不善潜伏在胸中:此是我立言宗旨。"(《传习录·门人黄直录》)可见王阳明"知行合一"说的"立言宗旨"就是有道德意义的。

王阳明先生的知行观提示我们,要相信每一个学生都有良知存在,都有一

⊖ 张世英. 哲学导论 [M]. 北京:北京大学出版社,2002:293-294.

颗向上、向善之心，并且都愿意按照自己内心的指引，做出向上、向善的行动，这是德育工作取得实效的基础。随着年龄的增长和实践的深入，学生对于是非、正误、善恶、真假、美丑等已经有了基本的判断力。哪些是符合社会要求的，哪些是不符合社会要求的，也已经心知肚明，并且成为其良知的一部分。老师的任务就是帮助学生发现符合自己良知要求的向上、向善的行为，在不断强化中形成道德品质。

3. 陶行知

陶行知先生是人民教育家、思想家，伟大的民主主义战士，爱国者，中国人民救国会和中国民主同盟的主要领导人之一。

在知与行的关系上，陶行知先生是从认识论的角度切入的。他认为，"行是知之始，知是行之成"。在先后关系上，主张先行后知。

陶行知先生的知行观是从反对王阳明先生的知行观开始的。他认为，王阳明先生主张"知行合一"是不对的，应该是"先行后知"。他举了很多例子，如小孩子起初必定是烫了手才知道火是热的，冰了手才知道雪是冷的，吃过糖才知道糖是甜的，碰过石头才知道石头是硬的。太阳地里晒过几回，厨房里烧饭时去过几回，夏天的生活尝过几回，才知道抽象的热。雪菩萨做过几次，霜风吹过几次，冰淇淋吃过几杯，才知道抽象的冷。白糖、红糖、芝麻糖、甘蔗、甘草吃过几回，才知道抽象的甜。碰着铁、碰着铜、碰着木头，经过好几回，才知道抽象的硬。才烫了手又冰了脸，那么冷与热更能知道明白了。尝过甘草接着吃了黄连，那么，甜与苦更能知道明白了。碰着石头之后就去拍棉花球，那么硬与软更能知道明白了。凡此种种，都可以得出结论"行是知之始，知是行之成"。㊀

从陶行知先生的知行观来看德育，学生入校之后可能会做出各种符合道德要求的行为，这种行为被班主任和同学肯定之后，会产生一种愉悦的情感体验，道德意识也就得以形成。反过来，如果因为出现不道德的行为，被班主任和同学批评，甚至受到惩戒，就会产生一种负面的情感体验，他就会明白这种事不应该做，正确的道德意识同样得以形成。

从陶行知先生的知行观来看管理，学生入校不学习校规校纪，并且很任性地去违反校规校纪，他就会受到纪律的惩罚。这时候他就会明白："看来这件事不能做啊！这个结果不是我想要的，我必须遵守纪律。"遵规守纪意识就形成了。

㊀ 胡晓风，金成林，张行可，等. 陶行知教育文集[M]. 成都：四川教育出版社，2007：167.

二、知行转化过程探究

我认为，知行转化过程涉及三个方向，一是从知到行；二是从行到知；三是知行互化。

1. 从知到行

人的道德素质是在个体主观因素与客观环境相互作用的过程中逐渐形成和发展的。一般认为，这个过程包括两个转化：一是社会所要求的价值观念、道德规范内化为受教育者的道德认知；二是受教育者将道德认知外化为道德行为。

第一个过程是道德理论学习的过程。在这里，学习到的知识属于间接经验。例如，班主任在班会课上告诉学生出门在外要遵守交通规则，不要偷拿别人的东西，等等。这些知识从哪里来？是他人实践的结果。班主任告诉学生这些知识，就是希望社会公认的价值观念、道德规范能够转化成学生自己的想法，这个过程就是内化。

内化是人对外部事物通过认知转化为内部思维的过程，是变"社会要我这么做"为"我要这么做"。把别人实践得到的知识变成自己的认识的过程，就是"内化于心"。

第二个过程是道德践履的过程。在这个过程中，要把学习到的道德知识和道德规范在实践中加以体验。例如，学生通过学习，已经知道"出门在外要遵守交通规则"，那么走出家门来到大街上，看到车水马龙，自然而然地就按照交通规则行走。这就是外化。

外化是内部思维动作向外部物质动作的转化，是变"我要这样做"为"我正在（已经）这样做"。把自己已经内化了的思想观点、价值观念、道德准则自主地转化为自己的道德行为和行为习惯的过程，就是"外化于行"。

从知到行以朱熹先生和王阳明先生为代表。这一转化过程，强调了理论武装的重要作用。受此启发，班主任也要加强社会主义核心价值观的学习研究，引导学生学而信、学而用、学而行，坚定道路自信、理论自信、制度自信、文化自信。值得一提的是，朱熹先生的"知"与王阳明先生的"知"尽管在来源上有所不同，但其在道德践履过程中发挥的指导作用是大致相同的。

2. 从行到知

很多时候，班主任并没有教育学生"出门在外要遵守交通规则"。走出家门后，学生发现当他遵守交通规则时，就会很安全；而当他不遵守交通规则时，就会险象环生。通过正反两个方面的对照，他就会自己得出结论："出门在外要遵守交通规则。"这就是从行到知。

在道德层面从行到知，付出的代价要小一些；在法律层面从行到知，付出的代价就要大很多。有些成年人不学法、不懂法，最后用实际行动为自己上了一堂生动的法律课。

从行到知以陶行知先生为代表。这一过程强调了实践对认识的重要作用。受此启发，作为班主任，不要害怕学生违反纪律。学生违反了纪律，学校和班级按照校规和班规对他进行处罚就是了。这样一来，他同样可以获得成长。

3. 知行互化

从辩证唯物主义的角度分析，知行应该是相互转化、互为始成的。

人们在实践的基础上获得关于外部世界的感性认识，这是认识的初级阶段，包括相互联系、循序渐进的三种形式：感觉、知觉和表象，然后借助抽象思维，在概括整理大量感性材料的基础上，通过去粗取精、去伪存真、由此及彼、由表及里的加工和制作，从而获得关于事物的本质、内部联系和事物自身规律的认识。这属于理性认识，是认识的高级阶段，它包括相互联系、相互促进的三种形式：概念、判断和推理。在实践中获得感性认识，然后从感性认识上升到理性认识，这是认识过程的第一次飞跃。这一次飞跃在方向上是从行到知，解决的是认识的来源问题。

"哲学家们只是用不同的方式解释世界，问题在于改变世界。"[1] 一切理论的目的都是指导人们回答和解决社会现实问题。认识的能动性也不仅表现在从感性认识到理性认识的能动飞跃上，而且还表现在从理性认识到实践的能动飞跃上。人们在获得理性认识以后，必须通过理想的目的、计划、方案等形式，使之应用于实践，向现实转化。从理性认识回到实践，这是认识过程的第二次飞跃。第二次飞跃在方向上是从知到行，解决的是认识的目的问题。

实践、认识、再实践、再认识，循环往复以至无穷，而实践和认识每循环一次，其内容都更进一步，层次也更丰富。认识过程的复杂性告诉我们，在学生真实的道德成长中，知与行应该是互相转化，知可以唤醒行、促进行，行中也可以得到知，新知又会反过来继续指导行。正可谓行中有知，知中有行。

知唤醒行、促进行，是先知后行。此处的"知"，是他人实践过程中得到的知识，然后用来指导实践。因此，学生入校之后，对其进行社会主义核心价值观的教育，期待学生以知促行、知行合一，就属于此。

---

[1] 马克思，恩格斯. 马克思恩格斯全集：第 1 卷 [M]. 北京：人民出版社，2009：502.

行中也可以得到知，是先行后知。此处的"知"，是自己实践过程中得到的知识，是否正确还需要到实践中去检验。学生入校之后，有的不认真学习社会主义核心价值观，不认真学习校规校纪，在日常的学习、工作和生活中，出现了违反校规、校纪的行为，最后受到班主任和同学们的批评，甚至是学校的处分，他同样会得到新的认识。这也是成长的一部分，只不过代价有点儿大。

三、从知行互化审视教育过程

从辩证唯物主义的视角来考察知行关系，可以得出结论，这就是知行相互转化，互为始成。从这一结论来审视教育过程，同样可以得出两个结论：一是不要害怕学生犯错误，学生正是在犯错误中成长的；二是高压式管理会逼着学生逆反，管理上适度放手才可能培养出具有担当精神的学生。

1. 辩证地看待学生犯错误

担任 2015 级护理 12 班班主任时，一个叫 YY 的女生来找我请假，说自己的干爸去世了，需要回家。按照班规，请假超过半天，要家长打电话。我没有接到她家长的电话。对此，她的解释是："我爸爸可能是正在忙于处理干爸的后事。"

班主任要把学生往好处想，既要讲规矩，又要会变通。于是我说："这样吧，等你回到家再让你爸爸给我打个电话也行。"她答应之后，我就批准了她三天假。

想着她应该回到家了，可我还是没有接到她爸爸打来的电话。于是我给她留言："我还没有接到你爸爸的电话。"她的回复是："我爸爸还在忙，等一会儿就打。"结果到了第二天上午，我还是没有接到电话。

再忙也不至于连打个电话的时间也没有吧，不会有什么事吧？我有点儿着急了。可还没有等我再催问，电话响了。以往家长打电话替学生请假，我随手就会把号码存起来。看到是她父亲的电话号码，我就想："一定是替她请假的。"

电话接通了。"涂老师好！我闺女一直不接我的电话，她在学校吗？"我一听，当时就懵了。"您闺女没有在家吗？她是昨天上午请假回家的，说她干爸去世了。"她父亲一听就恼了："这孩子！她干爸什么时候去世了？没有的事！"

我说："既然是这样，说明她在骗我。您给她打电话她不接，说明她可能还没有想好怎么对您说。我们一直在联系，她的安全应该没有问题。我给您提个建议，假如她给您回电话，您不要提给我打电话的事，更不要说您已经知道她不在学校了。我也联系她一下，然后再通过其他同学了解一下，看看她究竟在哪里。"她父亲答应了。

我这么提醒他，是为了防止出现安全事故。相对于学生安全来说，请假欺骗老师都是小事。假如她父亲脾气暴躁，学生看到自己的"骗局"败露，因为害怕而不敢回家，或者干脆离家出走怎么办？所以，我有必要提醒他。

挂了电话，趁课间我赶紧私信值周班长，得到的回复是："YY不在班里。她请假了，我这里有您给她批的请假条。有什么不对吗？"事情未明，为了减少麻烦，我赶紧回复："没有，我再确认一下。"

得知她不在班里，我就给她留言："你在学校没有？"这么留言的目的是试探，看她怎么回复。

一会儿，她的信息来了："我在学校。"既然在学校，我接着不动声色地给她留言："请你到我办公室来一趟吧。"她没有回复，当然更没有来。她本来就不在学校，怎么来我办公室呢？

大约一个小时以后，她给我打来电话："我现在正在回家的路上，我已经快到家了。"我说："好的，到家以后让你爸爸给我打个电话。"

挂了电话，我马上找到他爸爸的号码第一时间拨了过去："您闺女刚才给我回话了，说正在回家的路上。看来她的安全没问题，您就不要着急了。接下来她可能会给您打电话，别忘了咱们的约定，一定不要批评她，也不要透露我们已经联系过了。"

又过了一个多小时，YY给我打来电话："涂爸，我已经到家了，您放心吧。让我爸爸和您说话。"她爸爸接过来电话说："涂老师，我闺女已经回来了，谢谢您！让您费心了！"

听得出来，YY已经挨过批评了。后来她在我QQ空间里写了三段留言：

"今天想了挺多的，心里明白了挺多事。"

"我让我父母这么失望，真的挺对不起他们的！也对不起您！"

"这两天没在学校，也没回家，但是也没有乱跑，我在朋友家里。对不起，让您费心了！失望了！刚才我爸说了我一句，让我瞬间明白了挺多。他说：'人家骗你，你还替别人着想。'说实话，在家我和我爸不常说话，他也不常在家。我爸是个严肃的人，可能就是因为他太严肃，希望我们都会成功，物极必反，所以我有什么事也不想和他说。经历了这件事，我现在明白了，不能什么事都不和家长说，不和老师说。您是个好老师，可我却不是个好学生，对不起，涂爸！以后的我，将不再是之前的那个我了。希望涂爸能够再相信我一次，也希望涂爸能给我这个机会，同时我也给自己一个机会。我想看看，经历过这件事的我会不会改变。周日我会找您谈谈心里话的。"

字里行间，透露出她的后悔与改错的决心。

第三章 教育过程

故事讲完了,现在我们来思考一个问题,经过这次事件,她究竟有没有成长?

YY 应该知道她不能骗人。但是她知行不一,于是她用自以为不可能被发现的方式行动了。然后,她得到的结果是什么呢?谎言被戳穿,父亲很恼怒,"自己也明白了很多事"。

新生入校之后,我校专门组织过入学教育,进行过校规校纪的宣讲。学习态度认真的学生,都明白"作为学生要遵守校规校纪,诚信做人"的道理,而且在学习、生活中加以践行,这是从知到行;而 YY 属于那种学习不认真、态度不端正的学生,或者说是属于知而不行的学生,现在她欺骗老师故意违反校规校纪,谎言被戳穿后才认识到"作为学生要遵守校规校纪,不能欺骗老师",这是从行到知。相信以后她再也不会欺骗老师了,又是从新知到新行。综合来看,这就是知行互相转化,互为始成。

面对 YY 的错误,我始终很冷静,也很平静。有的老师说:"涂老师,您为什么不生气呢?"我说:"为什么要生气呢?"很多时候,班主任都是居高临下地看待学生,其实当班主任与学生平视时,结论就完全不同了。

当班主任居高临下的时候,看到的是学生犯了非常严重的错误,欺骗老师、欺骗家长。没有回家的这两天,她究竟在哪里?这次幸亏没有出现意外,如果真出现了意外,后果不堪设想。

但是,当班主任以平等的身份看学生时,就会发现她正在探索这个世界。这个女生想用这个方法试一试能不能骗到班主任、骗到家长,从而实现请假的目的。也就是说,她的目的不在于欺骗班主任、欺骗家长,而是想请假。请假是目的,说假话仅仅是方法。这一试,她就知道了,这种方法行不通。

我想起了"掩耳盗铃"的故事。YY 的做法是不是在掩耳盗铃?答案是肯定的。她以为她这样做,班主任、家长不会发现。

学生犯错误的方式反映的是他的思维方式。学生脑子里的想法,一旦通过实践证明行不通,他是不是就成长了?犯错误正是学生成长的方式之一,也许就是在不断的试错中,学生才逐渐成熟。

我一直在想,今天学生所犯的错误,我做学生的时候犯过没有?仔细回想一下,我也犯过。我相信个别班主任甚至比学生犯的错还多,但是改正之后不影响我们成长、成才。在讲座现场,我不止一次地询问在场的班主任有没有犯过错。有的班主任很直率,直接回答:"犯过。"更多的班主任不说话,脸上露出了会心的微笑。

既然我们做班主任的在未成年时也犯过或者想犯学生今天犯的类似的错

误，就应该允许未成年的学生犯错误，也允许他们改正错误。犯了错误就要被开除是不是太残忍了？当年我们犯错误的时候，假如班主任开除我们，我们还有今天吗？

2. 辩证地看待"管"与"不管"

有的班主任在班里学生表现很好，不在班里学生就不守纪律。这究竟是为什么呢？

毫无疑问，这位班主任的管理属于高压式的。高压之下，学生不敢违反纪律，但这并不代表学生的真实素质。所以，班主任不在班里，学生就原形毕露了。从这个角度来讲，管是不管，甚至管得越严越不如不管。为什么？因为这违背了学生成长的规律。

如果我们不是采取严管的方式，而是采取类似不管的方式，让学生的真实素质表现出来，然后我们再采取有针对性的教育措施，相信效果就会好很多。

面对卫生值日，很多班主任看重扣不扣分，而我却看重学生对待值日的态度。2017级护理12班的生活委员都很认真，很多时候值日生未按时到，因为害怕扣分，他们就替值日生值日。我听了以后，就提醒他们："究竟是生活委员值日，还是值日生值日？你们布置好、安排好，然后督促检查到位即可，不是让你们替他们值日。看到没有扣分，我以为他们做得很好，也就根本想不到去提醒他们、教育他们。你们说你们这是在帮值日生，还是在害值日生？"

学生干部是为服务同学而存在的，不是为了管住同学而存在的，更不是替同学干活的。我要求学生干部只需要如实记录班级日志，客观描述同学们的成长轨迹即可，不负责批评同学。批评教育学生的任务，属于班主任。为什么做出这样的规定？因为学生干部还没有学会运用一分为二的观点看问题，而且批评往往把握不住分寸。

我对学生说："12班就是一个大舞台，每人都是本色出演。"我作为班主任的任务就是看。我看学生表演的同时，学生也在看我的表演。

有的班主任可能会说："这不是在放羊吗？"和放羊差不多，只不过这个状态叫"守望"。放羊娃也不是不管羊，他发现哪只羊有问题，也会管。但如果在可控的范围内，他就会不管。我这种做法看似在"放羊"，其实是在观察学生，发现问题，然后有针对性地解决。这种管理方式看似不管，其实是最好的管。因为这样的管理既契合了教育规律，又契合了学生成长的规律。

"教育是农业而不是工业。"（叶圣陶语）农业讲究春风化雨，春耕秋收。即便现在有了塑料大棚，也需要模拟农作物的成长环境才能确保作物开花结果。

由此我想到了"拔苗助长"的故事。农民种庄稼，该浇水时浇水，该施肥时施肥，该拔草时拔草，这些正常的管理措施都是必需的。但故事中的农民违背事物发展的客观规律，强制禾苗生长，结果反而害了禾苗。作为班主任，学生犯了错误，理应该批评时批评，该帮助时帮助，该提醒时提醒，甚至是该惩罚时惩罚。班主任急功近利，不仅达不到目的，如果举止失当，还会触犯法律，悔之晚矣。

第三节 教育过程的有效性三原则

教育过程是复杂的，学生的成长过程更是复杂的。在复杂的教育过程中要想实现教育的有效性，就必须坚持以下三个原则。

一、契合学生的成长需求

有一个故事讨论的是如何让猫吃辣椒。共有三种意见：第一种意见是强制，即让人抓住猫，把辣椒塞进猫嘴里，然后用筷子捅下去；第二种意见是欺骗（诱惑），即先让猫饿三天，然后，把辣椒裹在一片肉里，如果猫非常饿的话，它会囫囵吞枣般地全吞下去；第三种意见是自愿，即把辣椒擦在猫背上，它感到火辣辣地疼，就会自己去舔掉辣椒，并为能这样做感到高兴。

在班级管理的过程中，班主任经常遇到一些这样的学生，有的大错不犯、小错不断，有的软硬不吃，有的学习不认真、得过且过。就像解决猫吃辣椒的问题一样，班主任管理这些学生的方法也主要有三种：强制、欺骗（诱惑）、自愿。

第一，不遵守纪律？不听话？不好好学习？直接通知家长来学校，强制其遵守纪律，努力学习；或者给予纪律处分，轻则警告、重则劝退（开除）。从权力基础上来说，这属于强制权。

第二，引导学生完成学习任务，遵守纪律。让学生清楚地知道好好学习可以拿奖学金，表现好可以被安排到好的实习单位，毕业时可以推荐工作或者对口升学。从权力基础上来说，这属于报酬权。

第三，"你将来想干什么？""要想实现这个目标，现在该怎么做？"以这样的表达方式引导学生倒着推，学生就会主动学习、主动锻炼。"你想被开除吗？""想被劝退吗？""如果不想，那还不赶紧认错、赶紧改正，需要的话，老师就去帮忙说说情。"以这样的表达方式引导学生主动改正错误。从权力基础上来说，这属于专家权。

以上三种模式孰优孰劣？相信每一位班主任心中都已有定论。

成长既不能强迫，也不能欺骗，只能契合。在学生的成长过程中，他需要什么？他想成为什么样的人？他怎样做才能成为他想成为的人？想清楚这一点，我们班主任就可以有针对性地帮助学生了。只有契合了学生的成长需求，才可能变"要我学"为"我要学"。

二、站在学生的立场上想问题

经常听到有的班主任这样埋怨学生：参加活动不积极、不遵守纪律；也经常听到学生这样埋怨班主任：组织的活动无聊透顶、班规制订不合理。可谓"公说公有理，婆说婆有理"。究竟怨谁呢？

在教育过程中，班主任的目的是让学生遵守纪律、好好学习、快乐成长；学生来到学校的初心也是来学习的，很少有学生入校之前就想着是来捣乱的。从这个意义上来说，师生的目的完全一致。但为什么有时师生互相埋怨，甚至恶语相向呢？我认为，原因就出在对具体问题的处理上，班主任与学生的想法并不完全一致。

作为成年人，尤其是受过专业训练的班主任，我们只有站在学生的立场上想问题、看问题，才能在学生成长中发挥最大的影响力。

在教育过程中，班主任应该关注学生的心理动态。我们有时会看到这样的场景，一个学生上课迟到，被检查人员抓个正着，结果班级被扣2分。班主任很生气，批评了学生："你早不来，晚不来，偏偏检查人员来的时候你进来了，结果扣了班级2分。"于是师生之间的"较量"就开始了。我曾经与一个叫"落鱼"的值周生详谈过，她描述了班主任批评她时，她内心的真实活动。

> 班主任（情绪激动）："和你说过多少回了，不让你迟到，不让你迟到，你看，因为你迟到，咱班又被扣了2分。"
>
> 落鱼（内心活动）："扣2分就扣吧，和我有什么关系。"
>
> 班主任（情绪激动）："害得我还挨了批评！"
>
> 落鱼（内心活动）："是你挨批评，又不是我挨批评。你批评我时不是很厉害吗？这回有人给我出气了。原来这样你就会挨批评，那下次你再批评我，我就让你再挨一次批评。"
>
> 班主任（看学生一直不说话，情绪更加激动）："你怎么不说话？！"
>
> 落鱼（委屈地、小心地）："老师，我出来得早，但路上堵车了。"

很明显，学生这是在找客观理由。面对这样的学生，这位班主任能说服她吗？很难。扣分、叫家长统统不管用，迟到几次也够不上处分的标准。怎么办？想解决问题，班主任就要站在学生的立场上想问题。

学生正在想什么？"天哪！迟到了，还被抓个正着，这回完了。可是不怨我啊！路上堵车了，要是不堵车，我就不会迟到。"

我的班里也有走读生，他们也会迟到。面对这样的学生，我会提前把他想说的话说出来："开学这么长时间，你一直表现得不错，也没有迟到过，今天是怎么回事？"（语气平和，不紧不慢，微笑着对他说。）

这段话有三层意思。第一层，肯定他以往的表现，给他贴上一个"好学生"的标签。也就是说，在我这个班主任的心目中，你一直是个好学生；第二层，这样一个好学生怎么会故意迟到呢？肯定是有客观原因的；第三层，把解释的机会给他，让他主动说话。

这时候，学生开口了："我今天很早就出门了，结果路上堵车，耽误了很多时间。"

他这一解释，正好印证了我的想法：学生不是故意迟到。听到他如此解释，我笑着回应："我就说嘛，你肯定不会故意迟到的，一定是有客观原因。下次出门，一定要把堵车的时间也算进去。感觉要迟到了，为什么没有及时请假？"

"光顾着往学校赶，忘了请假的事。"

"以后再发现有可能迟到，就及时请假，能记住吗？"

"能记住。"

"好！请回去吧！"

迟到事件就这么处理完了。有的班主任说："就这么简单？那不等于不管不问吗？"怎么会是不管不问呢？他迟到了，班级日志记了下来，也扣了他本人的量化分数。两次迟到算一节旷课，累计旷课达到一定节数给予警告处分。教师把选择权交给学生，扣分或者处分，都由学生的行为决定。我也找学生了解了情况，他确实不是故意迟到的。

有的班主任说："他可能在骗你呢！路上根本就没有堵车，他是懒，起床晚了。"应该说，确实存在着这种可能性。但是，我们的目的是督促学生下次不迟到，而不是揭发他起床晚。学生说路上堵车了，我就提醒他把堵车的时间也算上，提醒他及时请假，把避免迟到的方法告诉学生，站在学生的角度思考问题，而不是揭穿学生的谎言。

有时候班主任还会遇到无论怎么问，就是不说话的学生。他为什么不说话，第一种可能是害怕，第二种可能是没有想好怎么向班主任解释。遇到这种学生怎么办？班主任更要想学生之所想，主动解除他的尴尬："怎么不说话？是不是路上堵车了？"说这话时，要心平气和，关怀备至。

"是的，老师，您说对了，路上就是堵车了。"给了这么一个大台阶，学生赶紧回应。

"好的。看你紧张的，堵车又不是你能控制的，直接告诉老师就行。以后做事要有计划性，出门之前要把堵车时间也算上。能记住吗？"

"能。"

"好，回去吧。"

学生如释重负，班主任在他心中种下了一颗向善向上的种子。"老师把你往好处想了，也给你指出了以后怎么办，你也答应了，就看你以后能不能言行一致，信守诺言了。"

假如他骗了班主任，班主任对他这么信任，他的内心不会感到难为情吗？相信内心的良知，也会督促他改过自新。

我批评他了吗？没有。有没有告诉他将来该怎么做？告诉他了。这样的师生关系会不会差？当然不会差。因为我理解他，把他往好处想。相较于一味地批评指责，关怀和信任对学生的成长更有利。

教育也不是一蹴而就的。有的学生迟到了一次，还可能迟到第二次。

"这一次是怎么回事？是不是你骑的电动车没电了？"看到学生再次迟到，我依然把学生往好处想。上次已经提醒坐公交车时要早出门，这次应该不是坐公交车来的，那就有可能是电动车出了问题。

他说："您是怎么知道的！我的电动车就是没电了。昨天妈妈骑了我的电动车，用完忘了充电。"

"是你妈妈上学，还是你上学？"我笑着问他，"你自己的事自己不操心，还埋怨你妈妈没有给你充电。你就不会养成习惯，每天晚上看一下电动车的电量？自己的事情自己做，记住没有？"

"记住了。"

"好了，回去吧，下次别迟到了。"

坚持了两个多月，这个学生又迟到了。这是第三次，没有等我找他，他主动找我解释。没有等他开口，我就问他："这次应该是自行车出了问题才耽误的吧？"前期迟到，第一次是因为公交车，第二次是因为电动车，第三次应该换一个，那就是自行车了。

第三章 教育过程

他说:"您怎么猜得那么准?!我就是骑自行车来的,因为电动车半路爆胎了,来不及修理,只能换骑共享单车,结果还是迟到了,真是对不起您!"

"没事,没有什么对不起我的,你又不是故意迟到的。放学后找个地方修修,换好车胎。下次记着别耽误了。"经过这件事,这位学生再也没有迟到了。

有的班主任说:"您可真是好脾气!您是不是对学生太纵容了!再一再二不能再三,他都迟到了三次,您还这么轻描淡写地把他放了?"

为什么不能把他放了?学生自制力不强,也不是故意犯错误的,为什么不能多给他一次改错的机会呢?

我在赤峰讲课的时候,一位学生科科长听了我的分享,课后向我反馈:"我用您讲的方法处理学生违纪问题,效果特别好!"

"是吗?怎么回事?能不能和我说说?"能帮助到老师,我也很高兴。

"班长向我反映,说有一个学生连续两天旷操,我一听就恼了。我就编辑了一条措辞严厉的短信,正准备发出去,这时候想到您讲的'在教育过程中,老师怎么想的不重要,学生怎么想的才最重要'。我觉得很有道理,就马上把编好的信息删掉,重新编了一条信息发了过去,没有想到,效果特别好!"他很兴奋。

"短信怎么说的?"我好奇地问。

"我的信息是这样写的:开学以来,你表现一直很好,也没有迟到、早退、旷课、旷操等违纪现象,我对你很满意。这两天是怎么回事?是不是有点儿不舒服?他很快就回复了:老师,对不起!我这几天生病了,身体有点儿不舒服。但是我向您承诺,我明天就去上操。没想到效果这么好,比我批评教育还管用。"

听了这个故事,有班主任问我:"这个学生真的是不舒服吗?"

"也可能真的不舒服,也可能是懒,不想起床。"

"那为什么开学这么长的时间他都不迟到、不早退、不旷课、不旷操?"

"刚来到学校,哪个学生不想好好表现?毕竟养成好习惯不是一件容易的事。所以,没多久,他的老毛病又犯了。"

"那为什么没有批评他,他反而表示要改正错误?"

"因为在他决定旷操之前,已经想好了托词,客观理由就是自己不舒服。您如果批评他,他就拿这个搪塞您,并且不批评时,他还忐忑,您这一批评,他反而心安理得起来了。'反正老师已经批评过我了,我不舒服,就是不能跑操。'没有想到,老师不但没有批评,反而关心起来了。看到老师把自己准备好的'台词'给抢了,这一下学生有点儿不适应了。他应付老师的批评有经验,应付老师的关心没有经验，只好老老实实说，自己明天就去跑操。"

"如果他说自己就是不舒服，出不了操呢？！"

"那就去寝室看望他，然后让他自己或者找同学陪着他去看病。当然，如果有必要，班主任陪他去也行。如果真的病了，老师关心他也是应该的。如果是装的，他自己就该不好意思了。"

《孙子兵法·谋攻篇》有云："知彼知己，百战不殆；不知彼而知己，一胜一负；不知彼不知己，每战必败。"在教育过程中，师生之间的交往，也必须做到知己知彼。有些班主任的教育效果不好，原因就在于班主任只知己，不知彼，只站在自己的立场上想问题。只有换位思考，班主任才可能在学生的成长中发挥引领、指路的作用，才能让学生信服。

站在学生的立场上想问题，班主任才可能在学生的成长中发挥最大的影响力。师生之间如此，家长与孩子之间也是如此。

三、帮助学生成为他自己

我国的基础教育是从一穷二白开始的，我们先是普及了小学教育，后来普及了初中教育，现在高中教育和职业教育并重。今天我们的中小学教育对中国的经济发展做出了巨大贡献。没有教育的普及，怎么会有工业的现代化？怎么会有强大的工业输出能力服务"一带一路"建设？中国制造享誉全球，基础教育可谓功不可没。

随着国家综合国力的提升，"中国制造"也逐渐向"中国创造"转变。虽然只是一字之差，但对教育的要求却完全不同。"中国创造"对创新型人才的需求，要求我们必须变革培养模式。但是，这种变革不是把原来的教育模式全部推翻，而是把束缚人的创造力的东西抛弃。这就要求我们要因地制宜、因校制宜、因人制宜、因时制宜地培养学生。

每一个学生都是独特的个体，老师和家长要帮助学生成为他自己，而不是成为班主任或者家长的翻版。如果做不到这一点，或许我们就会在不经意间毁掉更多的人才。

第四章

角色定位

角色定位是指一个人或者群体在一定的系统环境下（包括时间）在一个组合中拥有的相对的、不可代替性的定位。优秀的班主任都有一个共同的特征，那就是师生关系和谐，在与学生交往中不但能够较好地定位自己的角色，而且拥有较强的角色能力。作为一个班主任，能否根据学生的成长需要调整角色定位、履行角色权力、承担角色责任，事关教育的成败。

第一节　班主任角色重新定位的必要性

"现在的学生真是太不听话，太难管了！"经常听到有班主任这样说。我认为，没有几个人愿意被管，再加上有些学生从小到大就没有养成良好的学习、生活习惯，难管也就在情理之中了。在这种情况下，如果再用一种高高在上、颐指气使的心态来对待学生，就会出问题。这就要求班主任重新定位自己的角色，在管理中少一点儿命令和僵硬，多一点儿协商和温情。

一、国家内外环境的巨大变化决定了班主任角色必须重新定位

我国已经成为世界第二大经济体，中华民族的伟大复兴正在逐渐变成现实。

当前，我国社会的主要矛盾已由人民日益增长的物质文化需要同落后的社会生产之间的矛盾转变为人民日益增长的美好生活需要和不平衡不充分的发展之间的矛盾。这一表述上的变化，实质上反映的是我国社会发展的巨大进步。"从物质需要来看，我国人民正逐步从温饱型向小康型转变、从数量型向质量型转变，人民不再满足于低层次的'吃饱''穿暖'，而更追求'吃好''穿美'。在文化需要上不再满足于简单的'视觉享受'，而更追求'心灵感受'，不仅追求知识技能方面的教育传授，而且追求思想、精神方面的教育熏陶；不仅追求身体愉悦方面的文化娱乐，而且追求心智愉悦方面的文化娱乐。"[一] 在这样的时代背景下，班主任的教育理念和教育方式也要随之发生变化，否则就会寸步难行。

以前经济条件不好，再加上兄弟姊妹多，很多孩子上不起学。如果能得到上学的机会，可以说十分珍惜。在我小时候，妈妈经常挂在嘴边的一句话就是："不好好上学，就回家来种地。"大妹妹初中学习特别好，因为家里穷，交不起学费，最后不得不辍学外出打工。现在国家实行九年义务教育，免费上学。中等职业教育也实行了免学费政策，对于经济困难的学生国家还提供助学金。

"精神文明重在建设"，育人，也必然是以德育为先。对于国家内外环境的这些变化，作为班主任，我们必须清醒地认识并准确定位自己的角色，方能做出正确的应对。

[一] 潘小刚. 为什么说我国社会的主要矛盾已经转化为"人民日益增长的美好生活需要和不平衡不充分的发展之间的矛盾"[N]. 湖南日报，2017-11-23（08）.

二、学生成长中的多重角色陪伴需求决定了班主任角色必须重新定位

从马斯洛需求理论来看，学生在学校这个环境中成长（时间、空间已定），除了班主任以外，他还需要家长、朋友等角色的陪伴来满足自己的成长需求。尤其是学校离家远的住校生，仅仅有班主任的陪伴是不够的，他还需要来自家长、朋友的关心和帮助。

但是需要归需要，能不能得到还是另外一回事。很多留守儿童从小学开始，爸爸妈妈就不在身边。

学生的成长也需要朋友，但是很多学生身边的好朋友并不多，甚至形单影孤。经常有班主任反映，很多学生不愿意参加集体活动。究其原因，与其从小缺少玩伴不无关系。

农村长大的学生还好一点儿，年龄差不多的还可以在一起玩耍。城市里高楼林立，很多邻居之间互不认识。学生一回家，家长把门一关，然后就是写作业时间，即便认识也难得在一起玩耍。

可以说，孩子们从小就很难体会和朋友在一起是什么感觉。当然，关键时刻，也不知道如何求得朋友的帮助，或者以恰当的方法来帮助别人。这就需要我们班主任重新定位自己的角色，来帮助学生成长。

三、家长、朋友角色能力不足决定了班主任角色必须重新定位

在学生的成长中，虽然身边也有家长、朋友等，但有的角色能力堪忧，需要班主任重新定位角色。下面以家长为例进行分析。

学习成绩不理想的学生，其家长大致可以分为以下三种类型：

第一类，想管没时间。孩子生下来交给爷爷奶奶，爸爸妈妈就外出工作了。爸爸妈妈只负责给钱，其他的因为忙也顾不上。孩子的成长，除了物质需要以外，还有精神需要。只懂得要钱给钱的家长，能说完全尽到了家长的责任吗？

第二类，想管不会管。一位女生与男生交往过密，班主任打电话通知了家长。电话是国庆节放假之前打的，假期结束女生返校后，班主任问她："你家长怎么处理的？"她说她父母打了她，不想管她了。我问这位班主任："您的问题解决没有？"她说："没有。不但男女生交往问题没有解决，而且其他方面也出现了问题。这个女生算是管不住了。有时候她犯了错，还没有等我说她，她就拿出手机：'你是不是又想给我妈打电话了？我妈手机换号了，你用我的手机打吧。'"

为什么会出现这种现象呢？我曾与这样的学生交流过，有的学生说："班主任动不动就告状、叫家长来学校，很讨厌。后来想想，不就是一顿揍吗？随便吧。"面对孩子身上的问题，并不是一叫家长就能解决的。家长简单粗暴地处理并不能解决实际问题。很多时候，叫家长只能当"一支箭"。箭什么时候威力最大？在弦上。

第三类，想管管不住。班主任给家长打电话："今天早上您孩子没起床。"家长说："我孩子就这点毛病不好，小学的时候就这样，初中还是这样，老是赖床，叫也叫不起来。以前都是我们家长叫他，现在住校我们也叫不了，烦请老师多操心！"第二次打电话："您孩子今天上课迟到了。"他说："我孩子上初中时就这样，经常迟到，请您多批评。"第三次打电话："您孩子这次又没写作业，有任课老师告状了。"家长一听就急了："我孩子上初中时就不爱写作业，为了这事我们当家长的没少打他。他要是作业写得好，学习好，就上高中了。"有的家长甚至会说："我孩子在家表现很好，怎么一到学校就这事那事的？你这班主任怎么当的？你有没有本事？没这个本事你别当了！"这样的家长，角色能力更是有问题。

现在很多家长认识不到学习的重要性，以为自己有了孩子，就自然而然地获得了教育孩子的资格。不学习的家长，其教育子女的方法大多来自父母或者本能。如果父母比较讲究教育方法，通过耳濡目染，孩子自己做了爸爸妈妈在子女教育方面也不会太差。如果父母信奉"棍棒底下出孝子"，教育方法粗暴简单，孩子长大了做了父母也有可能像自己的父母一样，随意、任性地对待孩子。这样做不但会严重地伤害孩子，甚至会导致悲惨的结局。

人是有尊严的，在成长过程中，不仅需要吃饱穿暖，更需要爱与精神的寄托。对于未成年的孩子，来自父母的爱是其成长的重要精神支柱。如果长期不能从父母那里获得最基本的情感支撑和精神呵护，心理健康就会出问题。然而，很多父母以为自己和孩子天天在一起，以为自己了解孩子，实际上与孩子在精神的世界里交集很少。这就是不幸的根源。

"人生有三个不能等：孝敬父母不能等，教育子女不能等，锻炼身体不能等。"所有的家长都应该认识到，自己的所作所为对孩子的影响可能是终生的。家长的教育方式不当，给孩子带来的可能是一生的伤害。

有的班主任可能会说，如果家长认识不到怎么办？如果家长认识不到，我们就要尽可能地帮助家长提高认识。作为班主任，我们不但要教育学生，很多时候还要引导家长。当然，如果家长还是做不到，我们就要调整角色定位，必要时把自己定位为家长。

第二节 班主任角色应该如何定位

在互联网+时代，为了契合学生的成长需求，班主任应该根据学生的不同情况，适时地将自己的角色定位为"教师""父亲（母亲、哥哥或姐姐）""朋友""学生"。

一、教师角色

班主任首先是教师。既然是教师，就要做教师应该做、教师才能做的事。教师就要"学而不厌，诲人不倦""学为人师，行为世范"。

1. 理论依据

学生称呼班主任，一般称呼为"老师"。在学生的心目中，班主任就是老师。老师与教师不同，老师指向的是具体的人；教师是一类人的集合（传授知识、技能、技艺的人），也可以理解为一种职业。从某种意义上说，所有老师的集合就是"教师"。"教师"是由一个个具体的老师组成的。

从广义上来讲，老师是指在某方面值得学习的人。从狭义上来讲，老师一词最初指年老资深的学者，后来把教学生的人也称为"老师"。明清以来，一般称教师为"先生"；直至19世纪末西学东渐，新式学校出现以后，才开始将"教师"称为"老师"。但普遍地将"先生"改称为"老师"，是从国民政府时期开始的，并一直沿用至今。

《中华人民共和国教师法》指出：教师是履行教育教学职责的专业人员，承担教书育人，培养社会主义事业建设者和接班人、提高民族素质的使命。从这一定义来看，教师这一角色可谓责任重大。班主任要想在履行管理和德育两大任务时，实现"立德树人"这一终极目标，就必须把自己定位为教师。也只有把自己定位为教师，模范履行《中华人民共和国教师法》所规定的义务，才能在管理过程中时时刻刻想到育人。为了管理而管理，甚至为了管理而伤害学生；为了活动而活动，甚至为了活动而背离育人，都是不可取的。

2. 现实需要

在现实生活中，一些班主任并不清楚自己肩负的责任。学生管理部门也因为很多老师不愿意当班主任，只好降低选班主任的标准。在这种情况下，班主任的素质可谓良莠不齐。

在这种情况下，有的班主任只记住了管理这一责任，似乎只要把学生管住就行了。德育，因为不好考核而被有意无意地忽视了。

据媒体报道，贾女士的孩子开学没多久，就时不时地向她要钱，说因为上学迟到，被老师罚款5元至10元不等。一位学生在接受采访中称："一次，老师还让我办个包月，说只要交纳200元至300元，就可以天天迟到。"

很明显，班主任在制定这样的班规时，眼里只有管理，没有育人。学生是未成年人，把经济手段直接用到学生身上，这是典型的"以罚代管""以罚代教"。学生犯了错误，班主任应该了解其犯错误时的心路历程，从而有针对性地加以引导，帮助其改正错误。但从"迟到罚款可包月"事件，我们只看见了管理，育人已经被完全抛弃了。这是典型的不作为。对学生的错误不纠正，不想方设法地帮助其改正错误，而是一罚了之，这不是纵容学生吗？这是一个老师该做的事吗？

还有的班主任采用侮辱人格尊严的方式来"教育"学生。这更是打着教育的旗号，做着反教育的事。

3. 角色责任

所谓角色责任，是指角色在规则下必须做的事。每个人都有一定的社会角色，角色不同，责任内容必定不同。作为教师角色的班主任，应该如何做才能完成管理与德育两大任务呢？

唐代韩愈说："师者，所以传道授业解惑也。"作为教师角色的班主任，"传道"应该放在第一位。"一个老师，如果只知道'授业'、'解惑'而不'传道'，不能说这个老师是完全称职的，充其量只能是'经师'、'句读之师'，而非'人师'了。"① 班主任必须把培养学生做人放在第一位，仅仅把目光放在学生的分数或者技能提高上，是远远不够的。

在历史的长河中，我国不乏"传道型""授业型"以及"兼顾型"的老师。

第一，传道型。

这一类型的老师的主要特点是，师生关系建立在共同的"道"上。"师生交往中，既有知识的传授，也有情感的交流。"② 如王阳明、颜元、刘熙载。

王阳明的"道"是良知良能。他收徒讲学，始于明朝正德年间，起初影响，只在家乡，拜他为师的人并不多。他名气不大，非议不少。他平定宸濠之乱后，

---

① 习近平. 做党和人民满意的好老师：同北京师范大学师生代表座谈时的讲话[M]. 北京：人民出版社，2014.

② 文正东. 儒学变迁中的师生关系演变研究[D]. 上海：华东师范大学，2011：105.

得到提拔。于是声名鹊起,追崇者日盛。门人中,有的是他的亲戚,如徐爱,是他的妹夫;有的是他的同僚甚至上级,如黄绾。年龄大的比他还大,如董沄,已经68岁了;年龄最小的,如欧阳德,仅十多岁;有的是在王阳明死后才拜他为师,如聂豹,初次见到王阳明称晚生,通过几次信,探讨过学术,后六年,聂豹出守苏州,其时王阳明已去世四年了,聂豹见到钱德洪、王畿,说"吾学诚得诸先生,尚冀再见称赞,今不及矣。兹以二君为证,具香案拜先生"。于是称门人。

颜元一生布衣,功名是秀才。但他能吸引四面八方的人前来求学,起初和他讲孝道、行孝道分不开,后来人们发现他的实用实学的理论也超越流俗许多,因而不少人慕名而来。

刘熙载一生所任职务均是师儒,在朝廷为"诸王师、太学师",在乡间为"童子师",客游远方为"士子师",为学与教人,以迁善改过为宗旨。可见,他维系"师弟子"的也是"道"。

我认为,今天作为教师角色的班主任,所要传的"道"应该以习近平新时代中国特色社会主义思想为指导,以社会主义核心价值观为抓手,铸魂育人。

第二,授业型。

古时,这里的"业"主要是私塾中的授受内容,"巫医、乐师、百工"的技能传授不包含在内。

西汉时期,通经与做官关系密切。此时,所授之业主要是"经书"。正所谓"遗子黄金满籝,不如教子一经"。㊀

明清私塾中所授之业,受科举考试的制约,主要是写字、对课、背书、作文,"四书五经"是重点。因科举命题不出丧礼题,故这部分就省去不学。私塾一天的教学过程是,"清晨点书,早饭后温习、习字、讲书,能做破承起讲者做破承起讲。下午点诗或读古文、时文。"㊁

今天,在我国各级各类学校中都不乏"授业型"老师。例如,职业教育阶段,以就业为目标,围绕技术技能传授,怎么有利于就业怎么做的老师也不少。这样的老师,有人形象地称之为"只教书不育人"。

第三,兼顾型。

兼顾型角色以魏禧为代表,特点是既讲道又授业,既谋道又谋食。

魏禧是明末清初人,他和当时的"举业师"不同,虽然出于谋生计,魏禧也

㊀ 班固. 汉书[M]. 北京:中华书局,2005.
㊁ 顾明远. 中国教育大系·历代教育制度考(二)[M]. 武汉:湖北教育出版社,2004:1463-1464.

"教人作举子业",但"非徒教以进取之器",他更重视"立身经世之道"[一]。

魏禧将教师比作供学生"取照"[二]的镜子,且自认布满灰尘,而朋友(包括学生)则是磨镜匠,欢迎学生批评指正。魏禧主张,对学生要"宽严相济",理由是"敬"生"爱",而"爱"难生"敬"。因此,在"可敬"与"可爱"间做选择的话,他选择"可敬"。为什么呢?魏禧认为,"爱"易导致"狎"(亲近而态度不庄重),"狎生厌,厌生贱",被对方(如学生)瞧不起,最终的结果就是"爱终衰";而"敬"虽可能生"疑"(不信任),进而"疑生忌(畏惧),忌生恶(憎恨)",但如果处理得当,就会"因敬生爱,爱不穷矣"[三]。"敬"实际上包含了"宽"和"严"两个方面,而"爱"仅仅是"宽"。"宽严相济"是既严格要求,又真心关爱,这样就会"严不怨,宽不狎";如果"宽严相解",则会"宽不怀恩,严不畏威",最终导致师生关系的恶化和教育的失败。

魏禧认为社会上"坎窞"(深坑)密布,而学生又懵懂无知,容易掉入陷阱,老师要当好学生的人生导师,引导他们走上平坦大道:"瞽人人坎窞,援之出平康。"人生道路上,"棘刺当孔道",老师就要砍去荆棘,以便学生顺利通过。[四]

魏禧告诉学生不要好高骛远,要"有所为,有所不为"[五]。对中了举的学生,依然谆谆告诫。有学生要去京城参加会试,魏禧勉励他要"脱俗"——做了官不要贪利禄,也不要轻易对人做出承诺,更不要饱食终日,无所用心;从江西到京城要走好几个月,沿途要向硕学俊彦虚心请教,并考察民瘼;特别提醒他,若中了进士,就要丢掉八股时文,学习一些利国利民的实用知识。

据此,华东师范大学文正东博士认为,和《儒林外史》《歧路灯》《醒世姻缘传》中那些只授时文的"举业师"比,魏禧的境界显然要高得多,可以说是"大大超越了同时代的许多人"[六]。

我认为,今天作为教师角色的班主任,都应该做兼顾型教师,管理与德育并重,"经师"与"人师"统一,"既要精于'授业'、'解惑',更要以'传道'为责任和使命。"[七]要既教给学生做人的道理,又能指导学生提高学习成绩或者掌握技术技能,还要帮助学生解决学习、工作、生活中的各种困惑。当然,任何与老师角色不符的言行,都必须坚决杜绝。

[一] 魏禧. 日录 [M]. 北京:中华书局,1985:59.
[二] 魏禧. 日录 [M]. 北京:中华书局,1985:65.
[三] 魏禧. 日录 [M]. 北京:中华书局,1985:14.
[四] 魏禧. 魏叔子诗集 [M]. 上海:上海古籍出版社,1996:127.
[五] 魏禧. 日录 [M]. 北京:中华书局,1985:52.
[六] 文正东. 儒学变迁中的师生关系演变研究 [D]. 上海:华东师范大学,2011:116.
[七] 习近平. 做党和人民满意的好老师:同北京师范大学师生代表座谈时的讲话 [M]. 北京:人民出版社,2014.

二、父亲（母亲、哥哥或姐姐）角色

亲情也是学生成长中不可或缺的因素。作为班主任，年长的男老师可以把自己当作学生的父亲，年长的女老师可以把自己当作学生的母亲，年龄相差不大的，可以把自己当作学生的哥哥、姐姐。

1. 理论依据

早在夏商周时期，教育融合于政治之中，"宦学事师"，"庠、序、校"既是养老、祭祀、议政的场所，也是教育奴隶主贵族子弟的场所；"官师合一"，师往往是统治阶级的"代言人"——师式、保式、大胥、小胥、乐师都是官。这时的师是先赋角色，即建立在血缘、遗传等先天因素基础上的社会角色。就角色定位而言，先是官，后是师。后来官师分途，"师"担负教化之职，"以德行教人以道者"为师。

此时的"师"和"父"有相通之处，因为"父"也是承担教育之职。"父"字在甲骨文里，像是右手持棍棒之形状，意思是举着棍棒教育子女守规矩的人就是父亲。所以《说文解字》把"父"解释为"家长举教者"。这样一来，"父"与"教"就联系起来了，因为"教"字的右边也是手拿棍棒的形状。后来把和父亲同辈的亲戚，也用父来称呼，如岳父、叔父、舅父、伯父、姨父等，这些父辈在先秦官学可能真的是"师"。

在官学中，受教育者为国子，主要是公卿大夫子弟，也有少数由民间选送的俊秀子弟，体现了教育的垄断性和家族性。这样一来，师生之间广泛存在着血缘关系、亲缘关系，师生关系也就是准父子关系。就角色定位而言，师就是扩大了的父，既是"师"，又是"父"。南北朝时期颜之推倡导家庭教育，父为师，师为父，师父就更是名副其实。㊀

现在，从幼儿园到大学毕业之前，除去睡觉时间，可以毫不夸张地说，学生和老师在一起的时间比和父母在一起的时间还多，尤其是班主任。当然，这期间可能会换几任班主任，但班主任把自己定位为父亲（母亲、哥哥或者姐姐）角色，给学生以温暖与关怀，会让学生产生一种无比的亲近感和信任感。

2. 现实需要

父母是孩子的第一任老师。然而，现实生活中，不少父母因忙于工作而疏于对孩子的教育。有的父母尽管对教育子女很重视，但因为教育理念、教育方

㊀ 文正东. 儒学变迁中的师生关系演变研究 [D]. 上海：华东师范大学，2011：21.

式不当，得不到孩子的认可，与孩子渐行渐远。事实证明，很多问题学生都与家庭的影响息息相关。

有一个学生连续三个月班级量化考核排名倒数，我与他谈话，希望他改正。没想到，他不仅没有回应我的期望，反而问我："住宿费退不退，要是能退的话，我就不住宿了。"这让我很吃惊。

这个学生遇事为什么不是选择进取，而是选择逃避呢？我思来想去，认为应该与其家长有关。记得在军训时，他爸爸就来帮他请假，要带他回家看病。当时我特别不满意，觉得这位爸爸有点儿太溺爱孩子了，明明是支持孩子逃避军训。但是，让我没有想到的是，这个孩子返校后见到我，开口就喊"涂爸"，就像其他没有请假的学生一样，毫无违和感。其情商之高，一下子让我怒气全消，并且开始喜欢上他。

后来，他申请参加学生会，但不久又退出。请假也经常出尔反尔，说的是晚上返校，然后又找出种种借口让家长代为续假。他是离异家庭，跟着爸爸生活，却总是让妈妈代为请假。我觉得有点儿异常，就委婉地提醒过他妈妈，不要太溺爱孩子，否则对他成长不利。他妈妈也很委屈："他每次总是请完假再给我说，孩子大了也没有办法说那么多。"因为父母离异，母亲总觉得亏欠他，所以对他的不当要求也不好拒绝，这才让他有空子可钻。

一次，他所在的寝室又被扣分，原因是他的东西摆放不整齐，再加上他连续三个月班级量化考核成绩排名倒数，我按照班规找他谈话，要请他家长来学校一趟。我的本意是让他重视寝室卫生检查，养成良好的生活习惯。然而，他的思路却是："既然寝室卫生我做不好，我就不住宿了。"

我马上意识到，他情绪不对。我当机立断，请其他同学先行离开，单独与他交流。

"我发现你这思考问题的方式有点儿不对啊！遇事总是想着逃避可不行，我一直希望大家努力做最好的自己，你为什么就不能想着一定要做好呢？我的意思是不让你住宿吗？"他低着不说话。

"我想问一个或许不该问的问题：你爸爸妈妈不在一起，受到伤害最大的是谁？"

听到我这么一说，他的眼泪就下来了。毫无疑问，受到伤害最大的是他。

"如果他们遇到问题不是选择逃避，而是积极沟通，正确面对，还会走到今天吗？常言道，夫妻无论谁先放手，受害最大的都是孩子。人生不如意之事十有八九，如果你将来遇到困难也首先想着逃避，会怎么样呢？"

"其实，我也可以不管你。扣分多少都不是问题，问题是扣分背后反映的是你的人生态度。说实话，正因为不想放弃你，我才会这样来要求你。何去何从，请你认真思考，然后把结果告诉我。"

班主任为什么要当学生的父亲（母亲、哥哥或者姐姐）？就是要把他成长中缺失的亲情唤醒，帮助他理性对待家庭的影响。

3. 角色责任

让班主任在必要的情况下承担父亲（母亲、哥哥或者姐姐）角色，是为了更好地帮助学生成长、成才。在历史上，儒家传统是不主张父教子的，如孟子就提出要"易子而教"（《孟子·离娄章句上》），主要考虑到，父教子容易陷入"父责子善（正）→子不听，反唇相讥→父怒，父子相夷（伤害）→父子相恶、相离"的恶性循环。那么，作为父亲（母亲、哥哥或者姐姐）角色的班主任应该如何做，才能避免出现孟子所担心的这种恶性循环呢？

颜之推认为，要处理好如下几个方面的关系[1]：

一要严慈相济。首先要有爱心，但不能溺爱。溺爱的话，等到孩子长大，就会是非不分。更不能狎（亲近而不庄重），如果威信丧失了，教育就难以有效。理想的做法是，把慈爱和严格要求结合起来，多鼓励孩子。但也不能护短，犯了错就要严加惩戒，但要讲究方式方法，既要及时，又不能过分。

二要一视同仁。无论孩子资质如何，都应该"均爱"。《颜氏家训·教子篇》指出：德才兼备的孩子固然值得赏识与喜爱，但那些愚蠢迟钝的孩子也应当得到怜惜与爱护。（贤俊者自可赏爱，顽鲁者亦当矜怜。）如果有偏心，就会影响感情。在这方面，宋代袁采在《袁氏世范·睦亲父母爱子贵均》中也做了分析：被厚爱的孩子日益变得意气骄横，被憎恶的孩子心中日益不能平衡，积累久长之后，逐渐结成深仇。正是所谓的爱，害了他们。（"见爱者意气日横，见憎者心不能平。积久之后，遂成深仇。所谓爱之，适所以害之也。"）倘若父母把自己的爱平均地分给每一个孩子，兄弟可以自相和睦，这种两全其美的做法，难道不是很好的吗？在班级这种密切接触的环境中，学生是可以敏锐地感知作为父亲（母亲、哥哥或者姐姐）角色的班主任是否"均爱"的。

三是风化熏陶。由于家庭特殊的环境，父母不经意的举止就是"不言之教"，所以，颜之推在《颜氏家训·治家篇》中指出：教育感化这件事，是从上向下推行的，是从先向后施加影响的。所以父不慈子就不孝，兄不友爱弟就不恭敬，夫不仁义妇就不温顺了。（夫风化者，自上而行于下者也，自先而施

---

[1] 文正东. 儒学变迁中的师生关系演变研究[D]. 上海：华东师范大学，2011：71.

于后者也。是以父不慈则子不孝，兄不友则弟不恭，夫不义则妇不顺矣。）在班级这个特殊的环境里，作为父亲（母亲、哥哥或者姐姐）角色的班主任其言行举止同样重要。要求学生不去做的，自己要首先做到。正所谓"其身正，不令而行；其身不正，虽令不从"。（《论语·子路篇》）

三、朋友角色

荀子说："人之生，不能无群。"[1] 班主任与学生在人格上是平等的。这样一来，双方成为朋友就有了人性基础。学生的成长需要朋友，班主任成为学生的朋友，可以更好地了解学生、帮助学生。

1. 理论依据

班主任在与学生的交往中，在必要时要作为朋友角色出现。有的班主任可能会说："老师就是老师，学生就是学生，老师怎么能成为学生的朋友呢？"从理论上来说，不但可以，而且有时候应该作为朋友角色出现。

"朋"是指彼此友好的人，象形字，最早见于甲骨文。在青铜器铭文中常常可以见到"贝五朋"类的句子，表明古时"朋"就是一种货币衡量单位。后来，"朋"的意思发生变化，用来假借古字"鹏"用群鸟相聚的意思来作为学生之间的称呼。"友"是指彼此有交情的人，会意字。甲骨文中，"友"字像顺着一个方向的两只手，表示以手相助，就是朋友之意。《说文解字》释："友，同志为友。"《易·兑》又说："君子以朋友讲习。"疏："同门曰朋，同志曰友。""朋""友"两个字联起来，泛指交谊深厚的人。

《论语》开篇讲道："有朋自远方来，不亦乐乎。"当年我读书时，理解成了"有朋友从远方来了，不是一件非常高兴的事情吗？"后来，读了杨伯峻先生的《论语译注》才知道，原来的理解有误。在这里，"有"不是有无的"有"，乃是《左传·昭公二十年》"是不有寡君也"的"有"，为通假字，通"友"。此处"有朋"，古本有作"友朋"的。旧注说"同门曰朋。"宋翔凤《朴学斋札记》说，这里的"朋"字即"弟子"，出自《史记·陈涉世家》的"故孔丘不仕，退而修诗书礼乐，弟子弥众，至自远方"。这样一来，意思就变成"志同道合的人从远处来，不也快乐吗？"[2] 也就是说，在这里孔子是把来向他请教的人当作志同道合的"朋友"看待的。

由此可见，孔子是很谦虚的，并没有把自己看得高高在上、高人一等。他

---

[1] 张觉. 荀子校注 [M]. 上海：上海古籍出版社，2012：121.
[2] 杨伯峻. 论语译注 [M]. 北京：中华书局，2017：1-2.

是以一种平等的姿态来与学生相处的。就角色定位而言，孔门师生之间也确实如朋友一般，孔子既是老师，又是朋友，可以说是"亦师""亦友"；弟子是来求教的学生，也是朋友。所以，孔子才会说："有朋自远方来，不亦乐乎！"杨树达在《积微居论语疏证》中分析说："人友天下之善士，故有朋自远方来，同道之朋不远千里而来，可以证学业，析疑义，虽欲不乐，得乎？"㊀ 可见，先秦时期，师友就是师弟子。作为朋友的学生来了，可以相互切磋，有助于提高自己的德行才学，当然就"乐"了，因为"独学而无友，则孤陋而寡闻"（《礼记·学记》）。

有的班主任可能会问："把学生当朋友会不会影响老师的尊严，导致学生不尊重老师？"其实，老师是否受到尊重，与是否把学生当朋友无关，而是与老师的自身修养有关。孔子说："朝闻道，夕死可矣。"（《论语·里仁》）这里的"道"一般理解为终极真理，人生的最高价值。后来"道"就与"尊师"联系起来，"师"与"道"结合，是师受尊的前提，"师"要依托"道"才能受尊重；反之，师与利结合，甚至见利忘义，那就不配为师，更不会受到尊重。

朋友有益友、损友之分，"益者三友，损者三友。友直（正直不阿）、友谅（诚实无欺）、友多闻（知识丰富），益矣；友便辟（阿谀奉承）、友善柔（当面恭维，背后诽谤）、友便佞（花言巧语），损矣。"（《论语·季氏》）朱熹先生也指出："友直则闻其过，友谅则进于诚，友多闻则进于明。"师生之间就应该相互鼓励、互相批评、平等相待，这也是朋友的应有之义，正所谓"教学相长"。

2. 现实需要

从理论上讲，班主任和学生的目标是一致的，应该能够成为志同道合的朋友。但事实上并非如此，有时候，班主任和学生不但没有成为朋友，反而矛盾重重，有的甚至成了仇人。

究竟为什么会出现如此现象？班主任辛辛苦苦，最后却落得如此下场，着实令人唏嘘。但痛定思痛，除了学生心智不成熟、处理问题不够冷静之外，有没有班主任个人的原因呢？

面对学生违反纪律的情况，有的班主任不是耐心教育，而是用简单粗暴的方法来对待学生。有的不仅仅是说"我真想用教鞭敲你的头"，而是直接动手，甚至把学生打伤。从幼儿园开始，到小学、初中、高中、职业院校，班主任、辅导员用暴力手段代替教育的现象偶有发生。

"近几年学校发展迅速，新进很多年轻老师，在教育理念和工作方法上都

㊀ 杨树达. 积微居论语疏证 [M]. 台北：大通书局，1974：3.

存在问题。"一位校长说,"一个学生上课做小动作,被班主任发现,就罚其扎马步、蹲墙角,结果学生身体出现不适,家长找到学校,最后告到教育局,要求赔偿医药费。事情最后虽然解决了,但暴露出的问题还是十分严重的。"

这件事情的出现不是偶然的。现在很多年轻教师不是师范院校毕业的,即便是师范院校毕业的,在大学也很少有系统学习班级管理理念和班级管理技巧的机会。这样一来,他当了老师,尤其是当了班主任,经验就大部分来自他的老师和班主任,或者来自当学生干部时。这些经验,有的本身就值得商榷。按照这些值得商榷的"经验"来处理学生的问题,难免会出问题。

面对学生提意见,有的班主任不是去反思自己究竟做得对不对、如何改正,而是认为学生不该提意见,提意见就是找事、就是拆台,是在降低自己的威信。其实,一位班主任是否有威信,从来都是取决于自己,别人提意见降低不了自己的威信。《论语·子张》有云:"更也,人皆仰之。"只要改正了,反而更能得到人们的敬仰。

其实,人人都可能犯错误,但这并不可怕,关键是要改:"过则勿惮改。"(《论语·学而》)可能你不知道自己的错误,学生帮你指出来了,你应该是"闻过则喜"(《孟子·公孙丑章句上》)才对,怎么能认为学生是故意拆台,在降低自己的威信呢?为什么就不能把学生往好处想呢?

在当前师生平等的话语体系里,作为班主任要有尊严,但维护班主任的尊严也并不是说学生就不能提意见了。假如班主任认为学生提意见的方式方法有问题,可以把正确的方法教给他。

我曾在空间里发了一条说说,同时配发了几张图片:"下午召开2016级护理12班、2017级护理12班全体班干部会,请每个班干部回答三个问题:一是自己和班级开学以来的进步;二是自己和班级存在的问题和改进的建议;三是对自己和班级的希望。我之所以问这三个问题,一是想让同学们学会用辩证的观点看问题,形成正确的世界观、人生观、价值观;二是让同学们养成反思的习惯。古人云:'每日三省吾身'。王阳明也要求弟子做到'立志、勤学、改过、责善'。要做到改过,反思是前提。班干部会的内容在班会上强调了,希望孩子们能领悟到我的用心。"

发说说、朋友圈的目的,一是记录我和学生的成长历程;二是提醒、帮助学生,温故而知新,传递正能量;三是为其他年轻班主任提供借鉴,也请大家批评指正。这条说说浏览、点赞量都很大。但让我感到意外的是,有的留言不是关于内容,而是关于照片中学生的站姿和坐姿的。

第四章 角色定位

在班干部选拔上,我实行的是合作式赛马制度,所以班干部相对多了一些。本以为2016级护理12班学姐"OPEN"通知时,会考虑到人数原因,安排在教室进行。没有想到她通知时,把地点定在了办公室。为了不朝令夕改,当然,也为了让她体验通知会议不考虑人数和座位的弊端,我也没多说什么。这样一来,原本只能坐四个人的沙发,坐了七八个人,有的甚至坐到了别人腿上,其他站着的同学,也是怎么舒服怎么站。这就引起了个别老师的质疑。

"她们在老师面前坐不端、站不直也算是一种没礼貌吧?"还没有等我回复,就有一位老师回应道:"同意!站不直、坐不端就是不尊敬师长!"

"站不直、坐不端就是不尊敬师长!"这是什么逻辑呢?不就是一个小小的班干部会吗?又不是什么庄严的场合?就不能怎么舒服怎么来吗?何必给学生扣那么大的帽子?如果照这样的理论,我们该如何评论孔子的学生曾皙呢?

《论语·先进》记载,子路(仲由,字子路)、曾点(字子皙,曾参的父亲)、冉有(冉求,字子有)、公西华(姓公西,名赤,字子华)陪坐在孔子周围。孔子说:不要顾及我年长,而不敢讲真话。你们经常说,没人了解你们(的才能和抱负),如果有人了解你们,你们打算怎么去做?(子曰:"以吾一日长乎尔,毋吾以也。居则曰:不吾知也!如或知尔,则何以哉?")

听到孔子的问话,子路、冉有、公西华三个人分别作答。然后孔子问,曾点,你准备怎么做?("点!尔何如?")这时候,曾皙弹的瑟声逐渐放慢,铿地一声放下瑟,站起来说:我与他们三位不同。(对曰:"异乎三子者之撰。")

请注意,听到孔子的问话,曾皙并没有停下弹瑟,即便是其他三子回答时,曾皙仍在弹瑟。如果按照前文所说的逻辑,曾皙是不是有点儿不尊重老师呢?老师在问话,曾皙怎么能继续弹瑟呢?(事实上,在讲课过程中配乐,也是孔子常见的授课方式。)

然而,孔子非但没有生气,反而鼓励曾皙,说说有什么关系?只是各谈各的志向而已。(子曰:"何伤乎?亦各言其志也!")受到鼓励的曾皙侃侃而谈,孔子大加赞赏:吾与点也。按照以上逻辑,孔子不批评曾皙就是宽宏大量了,怎么还能表扬他呢?

为了不引起误解,我进行了解释:"你们没有注意一个沙发上坐多少人吗?人多,座位少,我们开了一个小时左右的会,又不是站军姿。""尊重分两种,一种是表面上的,一种是内心的。两者之间我更看重后者;在师生关系上,一种是强调师道尊严,另一种是亦师、亦友、亦父、亦生。这两种,我选择后者。"我也不能说其他老师说的不对,因为每一个人的切入点不同。在比较庄严的场合，确实应该坐有坐相，站有站相，这不仅涉及礼仪礼节问题，还涉及教养问题。但如果条件不具备，也就不应该过分强调。把学生往坏处想，贴上不尊师的标签，似乎有点儿夸大了。

实际上，如果不是刻意强调"教师"身份，而是朋友之间的随意聊天，就像孔子与四个弟子之间的对话一样，估计就不会有这样的感觉了。所以，看似讨论坐姿与站姿的问题，实际上涉及的还是教师的角色定位问题。

九年义务教育本应是达标教育，但在很多地方都被搞成了培优教育。这样的班主任不但没有做好教师角色，而且父亲（母亲、哥哥或者姐姐）角色也没有做好，更不用说朋友角色了。难道学习不好的孩子，其他方面就都不可取了吗？

3. 角色责任

在教育和管理过程中，作为朋友角色的班主任，究竟应该如何做呢？

我们先来看看孔子是如何做的。《史记·孔子世家》记载，孔子和子贡去郑国途中，遇战乱走散了，相互寻找，子贡转述郑人评价与孔子："累累若丧家之狗"。现在听来，这怎么有点儿像骂人？说这话，对老师还有起码的尊重吗？但孔子听了不但没有生气，还说形容得准确生动。什么情况下，才可能这么回复？朋友之间。

《论语·阳货》记载，有次孔子去武城，听到弦歌之声，就莞尔一笑，对管理这地方的子游说：割鸡焉用牛刀。意思是说，治理这么小的地方，哪里用得着礼乐教化呢。子游马上指出：您以前教导我们说，君子学习了道理就要用之于实践，使老百姓受益；老百姓得到了教化，更懂道理，就更听话。（子游对曰："昔者偃也闻诸夫子曰：'君子学道则爱人，小人学道则易使也。'"）孔子赶紧当众认错：同学们，言偃的话是对的。我刚才说的话，只是开个玩笑而已。（子曰："二三子！偃之言是也。前言戏之耳。"）子游真是"当仁不让于师"，这也体现了孔子对道、对学生的尊重。

《论语》中记录孔子批评教育弟子的地方很多，记录弟子批评孔子的也不少，有的还相当尖锐。例如，《论语·雍也》记载，一次孔子去见了南子，学生当中脾气最大的子路不高兴了，让孔子很难堪。孔子说："予所否者，天厌之！天厌之！"

又有一次，子路问孔子：如果卫国的君主等待您去执政，您首先要做的是什么？（卫君待子而为政，子将奚先？）孔子说：一定是纠正名分呀！（必也正名乎！）子路说：有这样做的吗？您竟然迂腐到如此地步了，这又何必纠正？

（有是哉？子之迂也！奚其正？）孔子说子路"粗野"，认为名不正，则言不顺；言不顺，则事不成。（《论语·子路》）这一次是子路错了。

还有一次孔子想去做官，子路以为不妥，就当面反讥说，没有人用你就算了，为什么要去投奔公山氏呢？（末之也已？何必公山氏之之也？）孔子只好支支吾吾地说：如果有任用我的人，我就想借那块地方复兴周朝！（如有用我者，吾其为东周乎？）由于此事于情于理都欠妥，再加上子路的反对，孔子未能成行。（《论语·阳货》）

从以上内容可以看出，子路在其老师孔子面前，并没有"低位"感觉、"弱者"心态以及"随从"神情。其他一些弟子，如子贡、宰予等人也对孔子进行过批评，只是没有子路那么直截了当。这种来自学生的责备，有时候弄得孔子也很难堪，但最终还是明白学生的批评对自己有益。《尚书大传》记载："自吾得由（子路）也，恶言不入于门，是非御侮与？"对不向自己提出批评意见的弟子，反有看法："（颜）回也，非助我也，于吾言无所不说（悦）。"（《论语·先进》）

有的老师可能会说："孔子是圣人，我们又不是圣人？！"虽然我们不是圣人，但我们可以向圣人学习，正所谓"学其上，仅得其中；学其中，斯为下矣"。（《沧浪诗话》）

四、学生角色

班主任向学生学习，不仅仅是为了"制"住学生，更重要的是帮助学生。因为只有了解了学生的所思所想，才可能因材施教，也才能更好地帮助学生成长、成才。

1. 理论依据

先来看看学生这两个字的本意。繁体"學"字上半部分中间的"爻"是算筹，在古时被用来记数和计算，在此处表示教学内容；两边是手，既表示手把手传授，双手也表示恭敬与专注；中间是一座房子，表示教学和学习的地方，这个地方不用豪华，能免于外界干扰即可，"孟母三迁"即是例证。房屋下面是"子"，有人认为这里的"子"是指小孩。这个说法值得商榷。我认为，房屋下面不仅有老师，也有学生，如果只有小孩，谁来教呢？当然，这里也没有明确谁是老师、谁是学生，也就是说，谁的水平高，值得学，谁就是老师。正所谓"学高为师，德高为范"。生，会意字。甲骨文字形，上面是初生的草木，下面是地面或土壤，本义是草木从土里生长出来。

"学"与"生"两个字合起来，是指在学校或在其他教育、研究机构学习的人，泛指向老师或前辈学习的人，也用于弟子对老师或前辈的自称。

在师生关系上，我认为班主任还可以把自己定位为学生，作为学生角色出现在自己的学生面前。有的人说："老师就是老师，老师向学生学习，尊严何在？"老师向学生学习，难道就没有尊严了吗？

让我们先来看一则故事。《论语·公冶长》记载，子贡对孔文子死后被授予"文"这一谥号大为不解，于是就去问孔子。孔子告诉他，孔文子聪敏勤勉而好学，不以向比他地位卑下的人请教为耻，所以给他谥号"文"。（子曰："敏而好学，不耻下问，是以谓之'文'也。"）

"敏而好学，不耻下问"正是孔子推崇的学习、教育方法。"敏而好学"，就是勤敏而兴趣浓厚地发愤学习。"不耻下问"，就是不但听老师、长辈的教导，向老师、长辈求教，而且还求教于在常人看来不如自己知识多的人，且不以这样做为可耻。

"不耻下问"是一种学习态度。对于不明白的事，积极求教；面对别人的讥笑，也能坦然处之，并不以为耻。这就是真实的孔子。作为一名班主任，难道我们向学生学习，就丢人了吗？班主任也不是"生而知之者"（《论语·述而》），积极求教本身不仅丝毫无损尊严，反而值得称赞。不懂装懂，不懂也不学，才有损尊严。

子曰："三人行，必有我师焉。择其善者而从之，其不善者而改之。"（《论语·述而》）在孔子看来，几个人在一起走路，其中便一定有一个值得我学习的老师，选择优点而学习，看到缺点而改正自己。以孔子之贤尚且如此，我等班主任难道就不能当学生的学生吗？正所谓"弟子不必不如师，师不必贤于弟子，闻道有先后，术业有专攻"。（《师说》）

2. 现实需要

班主任究竟能不能当学生的学生？这里面有两个问题首先要探讨：一是能不能成为老师取决于什么？如果取决于年龄，学生一般比班主任小，有的还小很多，似乎不宜当老师的老师。如果取决于知识，只要学生懂的班主任不懂，学生当班主任的老师，就不成问题。二是学生究竟有没有可能做班主任的老师？在互联网时代，信息传播方式发生了根本性变革，在接触信息的时间及程度上，学生可能远远走在班主任前面，这就使学生成为班主任的老师成为一种可能。

其实，我主张班主任要做学生的学生，还有一个重要的原因：就是班主任不向学生学习，就谈不上教育学生，正所谓"知己知彼，百战不殆"。班主任只知己，不知彼，如何教育学生？然而，知己易，知彼难。要想知彼，渠道就是向学生学习。假如学生做了一件让班主任看来很吃惊的事情，甚至是错误的事情，如何处理呢？按照班主任自己的想法去处理，可能事倍功半，甚至弄巧成拙。这个时候就需要了解学生的想法，把握其心理，这样才能对症下药，处理问题让学生心服口服，从而达到事半功倍的效果。

在互联网时代，网络已经成为第一信息源了，有的学生由于娴熟地掌握信息网络技术，在通过网络获得信息的速度和数量方面，已经远远地走在了班主任的前面。

在这种情况下，班主任想在学生面前成为绝对的权威，是不现实的。作为班主任，每个人都要明白这一点。

3. 角色责任

作为学生角色的班主任，又该如何做呢？这方面，孔子也为我们做出了表率。他一方面学于弟子，即边教边学；另一方面学于百姓，在他看来，群众中可以学的东西很多，这些我们从《论语》中都能找到许多证据。

《论语·八佾》记载，孔子去太庙（太庙，国君的祖庙）参加鲁国国君祭祖的典礼。他一进太庙，就向人问这问那，几乎每一件事都问到了。当时有人讥笑他：谁说"邹人之子，懂得礼仪？来到太庙，什么事都要问。"（或曰："孰谓邹人之子知礼乎？入太庙，每事问。"）（邹，当时县名，孔子出生地，在今山东曲阜市东南五公里。孔子的父亲叔梁纥做过邹县的县官，所以当时有人管孔子叫"邹人之子"，意即邹县县官的儿子。）孔子听到人们对他的议论，答道：我对于不明白的事，每事必问，这恰恰是我要求知礼的表现啊！（子闻之，曰："是礼也。"）正是基于此，他认为，孔文子做学问上还是有可取之处的，因此谥号为"文"。

孔子主张"当仁不让于师"（《论语·卫灵公》）。如果联系到《论语》中多处记载师弟子之间责善迁过的事实，也可以做如下理解："仁"是"道"这个集合概念组成成分之一。所以，全面的理解，应该说"当道不让于师"。在"道"面前，应该"不让"于师，这也就承认了师的不完美和局限性，需要继续学习，需要接受批评。这样解读是有理有据的，因为孔子承认自己在一些方面不如弟子："后生可畏，焉知来者之不如今也。"（《论语·子罕》）《淮南子·人间训》和《论衡·书解》中，还有他向人表示在"仁"方面不如颜回，在"辩"方面不如子贡，在"勇"方面不如子路的记载。

孔子还说过："吾未见能见其过而内自讼者也。"(《论语·公冶长》)意思是说，我还没有看见能够看到自己的错误，而又能从内心责备自己的人。当然，孔子仅仅是说他没有看到，并不是说没有。但真正能正确认识自我的人的确不多，能够自我监督、自我批评、自我改正的就更少了。这就需要有人来指出自己的过错，帮助自己改正。

第三节　如何适时变换角色定位

在与学生的交往中，班主任把自己定位为"教师""父亲（母亲、哥哥或姐姐）""朋友""学生"，可以说相对容易一些，但要想做到适时变换角色就难了。如果时机把握不好，有时候可能会适得其反。那么，班主任究竟应该如何适时变换角色定位，才能完成管理和德育两大任务呢？下面我尝试以"遭遇黑客"为例来进行分析。

一、情景再现

这件事发生在我在南校区担任负责人时。一天，我接到一条QQ悄悄话，"老师，您的无线密码已被攻破。为了同学们能安心学习，建议老师还是把密码改了吧！"

这句话引起了我的兴趣，我随口附和，"高人无处不在啊！"

"我不是高人。密码我帮您改好了。我这是为大家好，老师请别误会！"

我试了一下，Wi-Fi确实连不上了。用了一下他提供的新密码，连上了。"何时能让我见见真身？"我给他留言。

"我不会告诉您我是谁的。我自己都觉得不能这样做，因为没有经过您的允许，过界了。"

"假如你主动告诉我你是谁，我保证不生气，而且会欣赏你。今天13:00之前，请到办公室来找我，你不来我会不高兴的。"

中午时分，一个叫"不懦弱"的学生如期出现在我面前。

问：接下来，我该以什么样的角色来处理这件事？

二、心路历程

说实在的，没有经过老师允许，随意更改老师的Wi-Fi密码，毫无疑问是错误的。假如更改的不是Wi-Fi密码，而是保险柜密码或者电子银行的密码，就涉嫌犯罪了。但是，如果他不如约到我面前主动承认，我根本不知道他是谁。尽管给老师上网造成了一定的不便，但毕竟没有造成多大的损失，我也不可能报警，请警察通过技术手段侦查他。我查了查《学生违纪处理暂行规定》，他这一行为是个新鲜事，哪一条都对不上。如果真要处分他，只能按照"条例中没有列举的违纪行为，但确应给予处分的，可参照有关条例给予处分"。如果我这样做了，一是有不诚信之嫌，毕竟我说过"我保证不生气，而且会欣赏你"。二是真要处分了他，给他贴上一个"坏学生"的标签，"废"了他这个聪明才智事小，真把他逼到歪路上就事大了。

三、解决过程

站在我面前的他，开口第一句话就是："老师，我知道错了！"

"既然知道错了，老师就先不批评你。不过，你得帮我个忙，一是帮我维护Wi-Fi，避免同学们在上课时用Wi-Fi玩游戏，影响学习；二是教教我如何操作。"

听到我如此说话，他高兴地答应了下来。然后给我演示修改Wi-Fi密码的过程。这是我完全没有见过的。

> （此时的我，刚开始是教师角色，承诺先不批评他，请他帮忙维护Wi-Fi。接着请他教我操作，此时又是学生身份。当然，他对于我的欣赏，很是开心。教的时候，也非常卖力。）

看到他娴熟地操作电脑，我很好奇地问："你这本领是从哪里学的？"他告诉我，自己是暑期在网通公司做兼职时，跟着队长学的电脑技术。"打工一个月能挣多少钱？"他说："一个月能挣七八千呢。"

> （此时的我，扮演的就是朋友角色。在聊天中，他是有问必答。我对他是真诚地欣赏，看得出来，他也很兴奋。）

一个小时很快过去了，眼看就到下午上课时间了，我们停止了聊天。在他离开办公室之前，我特意提醒他："你很聪明，能力也很强，是个人才。假如你能严格要求自己，学会做人做事的话，会取得意想不到的成功，得到社会的认可。假如你对自己要求不严，万一走上了歪路，对社会的危害也会很大。"

他说："老师，我明白您的意思。"

> （这时我又恢复了教师的身份。必须对他有所告诫，我不能看着一个有潜质的学生毁了。）

后来，办公室电脑出了问题，我给他留言，他很快就能手到病除，让我节省了不少时间，要不然，我还得请信息中心的同事前来维修。再后来，班级都知道有这么一位电脑高手，2014级对口1班举办元旦晚会时，PPT制作、伴奏下载等都是他负责的。毕业前，我还交给他一个任务，就是制作南校区的MV。他接受任务时还不熟悉制作，后来主动学习，与班长"淑女，也泼辣"等一道采集照片，制作了《南校区的点点滴滴》。

再后来，他顺利考上大专。大专实习期间，他专程来学校看我："老师，我在班里是团支书，在学院是学生会副主席，还拿了奖学金，入了党。我中专时贪玩，到了大专，我知道学习了。我牢记着您当初给我们提的要求，一定要善待自己，善待他人，现在也比以前更成熟了。"

很实在的一番话，却让我感动不已。看着他侃侃而谈，我心里无比欣慰。

四、事后反思

当时这件事发生时，有老师表示强烈不满，要求处分他。后来，我给老师们做工作，强调不能处分的理由。其实，处分不处分，应该有一个最基本的原则——如何做更有利于立德树人。假如处分他，对他成长有利，那就要毫不犹豫地处分他。假如处分不利于他的成长，那就不能处分他。

适时进行角色变换，作为教师角色有利于学生成长，那就以教师角色出现；作为父亲（母亲、哥哥或者姐姐）角色有利于学生成长，那就以父亲（母亲、哥哥或者姐姐）角色出现；作为朋友角色有利于学生成长，那就以朋友角色出现。同样，需要教师以学生角色出现，那教师就要以学生角色出现，没有什么不好意思的。

第五章

价值取向

无论时代如何发展、如何变迁,理想的、符合时代要求的教育价值取向都应该具备两个基本点,即不仅应该关注社会,也应该关注人的发展;不仅应该满足社会现实的需要,也应该满足个人未来发展的需要。其中,关注社会、满足社会现实的需要,被称为教育的工具价值取向,即"成器";关注人的发展、满足人未来发展的需要,被称为教育的本体价值取向,即"成人"。从理论上讲,这两种教育价值取向应该完美结合,不可偏废。这样才既能实现人的全面而自由的发展,又能实现社会的有序前进以及文化的传承。学生时代是世界观、人生观、价值观形成和确定的关键时期,坚持立德树人,引导学生扣好人生第一粒扣子,应该成为教育的首要目标。

第一节 "成人"与"成器"辨析

在现实生活中，究竟什么是"成人"与"成器"，可谓仁者见仁，智者见智。有人认为考上名牌大学是"成人""成器"，有人认为考取状元或者学习成绩最好是"成人""成器"，还有人认为有钱有势是"成人""成器"……下面尝试着对这些"流行"的观点进行逐一辨析。

一、考上名牌大学

在很多人眼里，考上名牌大学就是"成人""成器"。从某种意义上说，能够考上名牌大学的学生，学习成绩无疑是出类拔萃的。受"晕轮效应"影响，这样的学生在很多人眼里可谓一好百好。但果真如此吗？他们中间固然不乏品学兼优者，但道德品质、心理健康等方面存在一定问题的也大有人在。

家庭教育和学校教育出现的过度竞争和过度物质化，导致部分青少年出现了"情感的荒漠化"。所谓"情感荒漠化"就是指一个人漠视他人、漠视情感乃至漠视生命，只将注意力集中在知识和技术等狭窄的领域，为实现个人目标而很少考虑可能带来的恶劣后果。"情感荒漠化"最主要的一个原因就是应试教育。基础教育本来应该是国民素质教育，现在却变成选拔教育，同时把合格教育变成淘汰的教育，把大众的教育变成精英的教育。许多父母本身也在制造"情感荒漠化"，他们把家庭变成了学校，把自己变成了助教。学校所进行的道德教育和法制教育，也往往难以达到预期的效果，症结在于没有针对学生的心理特点和情感需求来进行，对于他们在情感问题和人际关系上的困惑，学校教育和家庭教育缺少适合他们年龄特征的指导。在应试教育价值导向的支配下，成绩成为评价学生的唯一标准，成绩好的学生的人格问题和情感问题也就容易被忽视，他们情感上的苦闷无法向班主任和父母诉说，等到出现问题时，往往已经对社会造成了难以想象的后果。

除了伤害动物之外，"天之骄子"伤害同学、伤害父母的案件也是屡见报端。这些现象表明，学习成绩好，仅仅证明他善于考试，而要想"成人"就必须加强思想道德建设和心理健康教育。

伤害动物、伤害同学、伤害父母的现象能够让人很明显地发现一些"天之骄子"身上存在的问题。还有一类现象则更隐蔽，危害也更大。

第五章 价值取向

有这样一个故事：一天，某位教授去上课，看到一个学生坐在第一排，对他点头微笑，很有礼貌。这位教授很快就注意到，这个学生总能够及时地做出反应，点头、微笑，等等，说明他听懂课了。教授很高兴，就注意到这个学生了。

下课后，这个学生迫不及待地跑到教授面前，说："老师，今天的课讲得真好啊！"这个学生把教授讲得好在哪里，说得头头是道，讲得全在点子上，说明他都听懂了。老师讲的东西被学生听懂了，这是多大的快乐！于是教授对这个学生也就有了好感。

如此一次、两次、三次，教授对这个学生的好感也与日俱增。到第四次他来了："老师，我要到美国去留学（课程），请你给我写推荐信。"面对这样一个好学生，教授当然是欣然同意！

但是，写完之后，这个学生不见了，再也不出现了。这时候教授才明白：这个学生以前那些点头、微笑等，全是"投资"！他的投资收获了教授的推荐信，然后就"拜拜"了，因为教授对他已经没用了。

这位教授说："这是一个绝对的利己主义者，他的一切行为，都从利益出发，而且是精心设计，但是他是高智商、高水平的，他所做的一切都合理合法，我能批评他吗？我能发脾气吗？我发脾气显得我小气，一个学生请你帮忙有什么不可以？这个学生有这个水平啊。但是，我确实有上当受骗之感，我有苦难言。"

教授把这个学生称为绝对的、精致的利己主义者。所谓"绝对"，是指一己利益成为他们言行的唯一的绝对的直接驱动力，为他人做事，全部是一种投资。所谓"精致"，是指他们有很高的智商，很高的教养，所做的一切都合理合法，无可挑剔，他们惊人地世故、老到、老成，故意做出忠诚姿态，很懂得配合、表演，很懂得利用体制的力量来达到自己的目的。从某种意义上说，高智商的精致利己主义学生，正是高智商的利己主义老师培养出来的。如果我们坚持以升学或者就业为导向，把学生培养成考试的"机器"、工作的"机器"，那么这种结果就不可避免。忽略了"成人"教育价值导向，培养出的学生没有信仰，没有超越一己私利的责任感和承担意识，只会将自己套在"名缰利锁"之中，这种人对国家、民族的损害将是巨大的。因此，弄清楚"培养什么人、如何培养人、为谁培养人"这一根本问题，坚持不懈地培育和弘扬社会主义核心价值观，做社会主义核心价值观的坚定信仰者、积极传播者、模范践行者，无论对于班主任，还是对于学生都极其重要。

二、考取状元或者学习成绩最好

在 2018 年全国普通高校招生考试安全工作电视电话会议上,教育部部长强调,各地严禁宣传"高考状元""高考升学率",一旦发现,将严肃处理。㊀ 此消息一出,立即引起了社会各界的关注。尽管有网友表达了不同看法,但总体而言,社会对教育部的这项政策是支持的。

把考取状元或者第一名作为教育价值取向,由来已久。状元是科举制度的产物。自隋朝开始,直至清光绪卅一年(1905 年)举行最后一科进士考试为止(世界上最后一届科举考试结束于 1919 年的越南阮朝),前后经历 1300 多年,科举制度成为目前世界上延续时间最长的选拔人才的办法。

"朝为田舍郎,暮登天子堂。""进士及第"带来的巨大变化让众人趋之若鹜。尤其是状元,跨马游街、天子赐婚,更是风光无限。随着科举制度的远去,传统意义上的"状元"已经一去不复返了。但随着高考制度的恢复,人们往往把省、市、县的高考第一名也叫"状元",并且给予了极大的关注。

当年我读书时,也有重奖高考状元的现象,但远没有现在"疯狂"。媒体报道,江西学子金某高考拿下 675 分,勇夺省文科第一名,1 天获奖金人民币 33 万元;广东恩平伍某以总分 620 分成为市理科状元,获得一套 133m^2 的"状元房"。与金钱、洋房相比,还有更有"噱头"的——"康熙皇帝敕封":来自全国各地的 10 名高考状元披红骑马,在仪仗队的引导下从街上走过,"康熙皇帝"赐名号、奖现金、送字典、赐御宴,热热闹闹。㊁

对于过度宣传高考状元的问题,教育界和民间早有质疑。早在 2012 年的全国两会上,就有人大代表建议:教育主管部门应制定相关管理规定,禁止炒作"高考状元"和"中考状元"。提出这项建议的人大代表指出:"大张旗鼓地片面炒作,对引导全社会树立正确的教育观、人才观,全面实施素质教育工作造成了不良影响,对考生也带来无穷的心理压力和各方面负面影响。"㊂

每逢高考前,就有人抛出一份"高考状元今安在"的民间调查,试图给热衷"状元"的人们泼盆冷水。不但高考状元有争议,对于重奖高考状元也是褒贬不一。有人认为这是要发挥榜样的力量,有利于教育发展;有人也认为,相对于物质奖励,给孩子精神财富可能更有价值。这些观点各有侧重,不能一概而论。

㊀ 2018 年全国普通高校招生考试安全工作电视电话会议召开 [EB/OL].(2018-05-08)[2018-06-07]. http://www.moe.gov.cn/jyb_xwfb/gzdt_gzdt/moe_1485/201805/t20180508_335329.html.

㊁ 奖励高考状元怪现状:奖"圣旨皇诏"接受封赏 [EB/OL].(2016-07-08)[2018-06-07]. http://news.sohu.com/20160708/n458441523.shtml.

㊂ 杨鑫宇.严禁宣传!还"高考状元"一个清静 [EB/OL].(2018-05-09)[2018-06-07]. http://news.cyol.com/yuanchuang/2018-05/09/content_17174539.htm.

第五章 价值取向

"高考状元"这个暂时的成功在为当事人带来巨大荣誉的同时，往往也会带来巨大的压力。在一个省，这一次考试你是状元，高考之后很多"高考状元"集中到了一个学校，甚至是到了一个专业、一个班，还能人人都是状元吗？状元只有一个，这对于习惯于每一次考试都是"状元"的学生来说，无疑是一种折磨。如果能顶得住压力，迎难而上，就其智商而言，学习上取得优异成绩，应该不是难事。如果顶不住压力而随波逐流，甚至自暴自弃，可能连拿到毕业证都困难，做"行业领袖"什么的，就更不用想了。

人民日报、共青团中央等微信公众号曾经分别刊发文章：《致还在沉睡的大学生：你不失业，天理难容！》。这篇文章不知戳中了多少人的痛点，不知道有多少人后悔当初没有看到这篇文章。的确，一些大学生考入大学以后，感觉"船到码头车到站"，产生了松懈思想，整日睡懒觉、玩游戏，甚至吃饭都懒得下寝室楼而让外卖员送。就在现在，不知道有多少大学生，包括"双一流"等名校的大学生还在"沉睡"！

"你永远唤不醒一个装睡的人""青春的放纵将换来一生的卑微""熬过的辛苦最后都换成了幸福"，这些勉励的话语有些人可能听不进去，但听进去的人，经过时间的磨砺之后，人生都变成了风景。状元们也是如此，高考成绩优秀，如果不能持续努力，沦为平庸就是再正常不过的事情了。

的确，孩子的人生格局提高了以后，进入大学自然会更加努力。我总认为，应试教育能考高分，素质教育应该照样能考高分才是。考试也是一种基本的素质。有的高考状元进入理想的学校之后，格局没有跟上，丧失了继续奋斗的目标，这才是悲剧的根源所在。但愿所有的班主任和家长都能明白这个道理，也都能引导孩子明白这个道理。

孩子不但是家庭的希望，更是国家和社会的希望。鼓励孩子充满信心，无论他是上高中或是读职业院校，或者是上大学，都要继续拼搏，不做那个"沉睡的大学生"。若如此，则家庭幸甚，民族幸甚，国家幸甚！

"状元"教育价值取向之争让我想起了《耐人寻味的第十名现象》。

《钱江晚报》报道，53岁的周武是天长小学多年的班主任。1989年，他开始了一项关于该校小学毕业生成长经历的跟踪调查。十年的调查中他发现了这样的规律：在实行百分制的情况下，小学期间前几名的"尖子"在升入初中、高中、大学，乃至工作之后，有相当一部分会"淡出"优秀行列，而许多名列第十名左右的学生在后来的学习和工作中出人意料地表现出色。周武将这一现象称为"第十名现象"。

周武在充分跟踪调查的基础上发现：在过去，学校的老师和家长往往很单纯地用语文、数学成绩给孩子们拉榜排名，以便知道每一个学生在班里所占的名次。家长们则督促、强迫孩子挤进"前三名"或"前五名"，这使他们压力很大，也使他们在培养兴趣爱好、拓宽知识面、发展个性等方面受到了很大的制约，反而束缚了他们智力的发展。又因为他们都是听话的"好孩子"，一些好的个性也会被束缚。另外，老师们"抓两头，带中间"的教学方法，使这些尖子生在学习上很容易得到老师的"关照"，从而削弱了他们学习上的独立性。因此，后来就不适应中学相对较为"松散"的教学方法。这是他们当中的一些人"淡出"优秀行列的主要原因。

与此相反的是，第十名左右的学生虽然成绩不是很优秀，但是他们大多比较活泼，灵活性强，学得较为轻松，兴趣广泛，老师不大注意这些学生，因此其独立学习的能力较强，有很大的潜力。另外，这些学生没有保住"前三名"的心理压力，因此他们能以健康的心态学习。这是他们有"后劲"，进步和成才概率较高的主要原因。

周武老师经过十年的调查研究所得出的"第十名现象"得到了浙江省教育界及社会的共鸣。许多人认为"第十名现象"不仅触及了老师、家长和孩子们在认识上的误区，一定程度上也触及了我们教育的弊端。

当然，周武老师的调查，在周延性上存在争议。一位专门研究青少年行为的学者认为，"毕竟孩子的发展是不断变化的，严谨的方法必须是针对每一个孩子的生命历程做记录，而不是取几个时间点的学业成绩做比较，这过于随机。"⊖成材的原因是相当复杂的，不是随便就能一言以蔽之的。

但是这个研究结果，仍然引起我们的诸多思考：究竟是分数重要，还是学习力重要？什么样的教育是成功的？什么样的孩子是好孩子？我们社会未来的栋梁之材是不是大多数必然出现在今天的"好孩子"群体里？想清楚了这些问题，就知道如何看待孩子的成长了。

三、有钱有势

在很多人的心目中，衡量一个人成功与否的标准，就是这个人是否有钱有势。在他们眼里，赚钱多、地位高就是成功，赚钱少、地位低就是不成功。这种想法体现在教育价值取向上，就是什么专业赚钱，就选择什么专业。

2017年全国63位高考状元中，有62位选择了清华、北大。其中，北京大

⊖ 章桂周．"第十名现象"的几个疑点[J]．上海教育科研，2012（01）：46-47．

第五章 价值取向

学最受高考状元欢迎的学院是光华管理学院、元培学院和中文学院，而清华大学最受高考状元欢迎的是经济、金融与管理类，计算机信息技术和新雅学院。总体来看，各省高考状元们还是更倾向于报考经济、金融、管理、计算机等更加赚钱的专业。一些基础性学科，如物理、数学、化学等报考人数比较少，传统的工科类专业和医学类专业，就更加难以吸引高考状元报考。这不仅从一个侧面反映了中国高分考生的专业填报现状，也反映了更加赚钱的专业在班主任和家长心中有很大的市场。

我们不排斥金钱，但要看金钱是怎么得来的，以及对金钱是怎么支配和使用的。

如果金钱是靠自己的诚实劳动和合法经营得来的，不管读书时选择的是什么专业，也不管现在从事什么职业，都无可指责。

一个人拥有了金钱之后，如果除了把一部分积累的金钱用于个人消费外，更多的是用于生产性投资，将资金投到扩大企业规模、提高产品质量和科技含量上，或用于社会公益事业上，努力在助学、助残、扶贫、救灾等方面出资出力，用自己的劳动所得回报社会，那他在品质上就是高尚的，就算得上是成人成器，就值得我们学习。如果他为富不仁、骄奢淫逸、挥霍无度，即使金钱得来的渠道是合法的，做人也是有问题的。

其实，纵观历史，古人不以金钱论成败的例子比比皆是。庄子，几乎家徒四壁，但其文章《逍遥游》《秋水》等，汪洋恣肆，浩瀚深邃，流传千古。如果没有他，整个先秦文化就会失去一颗耀眼的明珠。杜甫，一生贫困潦倒，最后病死在一条船上，但留下诸多传世佳作，其中"三吏""三别"，惊天地，泣鬼神。如果没有他，唐朝诗坛就会黯然失色。曹雪芹，晚年穷困，到了举家食粥的地步，但其《红楼梦》位列四大名著。如果没有他，文学艺术上就少了一座不可逾越的高峰。

有钱又怎么样？如果没有正确的世界观、人生观、价值观，将很难适应社会发展的需要。只有树立正确的世界观、人生观、价值观，才能成为自己的主人，实现人生出彩。

第二节　从德育目标看教育价值取向

从小学到大学，国家在把学生培养成为什么样的人的问题上，一直都目标明确。

一、目标解读

无论是中小学、职业院校，还是高等学校，教育部在相关文件中都从"成人"和"成器"两个层面，就培养目标提出明确要求。目前，正在开展的"大中小学思政课一体化建设"，更是结合不同年龄段的特点，分别从知、情、意、行等方面寻找恰切的教学形式，以期形成教育合力，达成教育目标。

1. 中小学

教育部《关于印发〈中小学德育工作指南〉的通知》（教基〔2017〕8号）明确指出，德育总体目标是："培养学生爱党爱国爱人民，增强国家意识和社会责任意识，教育学生理解、认同和拥护国家政治制度，了解中华优秀传统文化和革命文化、社会主义先进文化，增强中国特色社会主义道路自信、理论自信、制度自信、文化自信，引导学生准确理解和把握社会主义核心价值观的深刻内涵和实践要求，养成良好政治素质、道德品质、法治意识和行为习惯，形成积极健康的人格和良好心理品质，促进学生核心素养提升和全面发展，为学生一生成长奠定坚实的思想基础。"接着又分小学低年级、小学中高年级、初中学段、高中学段，提出了具体要求。这份文件无论是从总体要求来看，还是从具体要求来看，可以说都是从"成人"的角度来要求学生的。

教育部《关于推进中小学教育质量综合评价改革的意见》（教基二〔2013〕2号）提出，普通中小学教育质量综合评价改革的总体要求是："基本建立体现素质教育要求、以学生发展为核心、科学多元的中小学教育质量评价制度，切实扭转单纯以学生学业考试成绩和学校升学率评价中小学教育质量的倾向，促进学生全面发展、健康成长。"从这份文件可以看出，评价中小学教育质量的高低不是几个学生考上名牌大学，更不是要把学生培养成考试的机器，而是要以学生发展为核心，促进学生健康成长。

在具体评价指标体系上，更是明确要求要"依据党的教育方针、相关教育法律法规、国家课程标准等有关规定，突出重点，注重导向，把学生的品德发展水平、学业发展水平、身心发展水平、兴趣特长养成、学业负担状况等方面作为评价学校教育质量的主要内容，着力构建中小学教育质量综合评价指标体系"。其中，"品德发展水平""身心发展水平"都是从"成人"角度考虑的。

2. 职业院校

教育部《关于印发〈中等职业学校德育大纲（2014年修订）〉的通知》（教职成〔2014〕14号）明确指出，中等职业学校德育目标是："把学生培养成为爱党爱国、拥有梦想、遵纪守法、具有良好道德品质和文明行为习惯的社会主义合格公民,成为敬业爱岗、诚信友善,具有社会责任感、创新精神和实践能力的高素质劳动者和技术技能人才,成为中国特色社会主义事业合格建设者和可靠接班人。"

这里有三个价值取向:

第一,成为爱党爱国、拥有梦想、遵纪守法、具有良好道德品质和文明行为习惯的社会主义合格公民。《中华人民共和国宪法》第三十三条规定:"凡具有中华人民共和国国籍的人都是中华人民共和国公民。"在公民前面加上定语"合格"二字,就意味着有的公民是"不合格"的。那么什么样的公民是"合格"的呢?"爱党爱国、拥有梦想、遵纪守法、具有良好道德品质和文明行为习惯"的公民,才是合格公民。反之,就是"不合格"公民。这是从"成人"的角度来要求的。

第二,成为敬业爱岗、诚信友善,具有社会责任感、创新精神和实践能力的高素质劳动者和技术技能人才。作为职业院校,培养劳动者和技术技能型人才是基本任务。这是从"成器"角度来要求的。但仅仅是劳动者和技术技能型人才还不够,还必须是"敬业爱岗、诚信友善,具有社会责任感、创新精神和实践能力的高素质"的。这又是从"成人"的角度来要求学生,而且是"成人"先于"成器"。

第三,成为中国特色社会主义事业合格建设者和可靠接班人。在"建设者"和"接班人"之前,加上定语"中国特色社会主义事业",体现了社会主义性质,回答"为谁培养人"这个关键问题。加上定语"可靠",则是从"成人"的角度来要求学生的。

从以上三点可以看出,在培养目标"公民""劳动者""技术技能型人才""建设者"和"接班人"之前添加的定语,都与社会主义核心价值观有关,可以说是把"成人"放在了第一位。综观整个职业院校教育价值取向,可以说是要成器,更要成人,而且成人先于成器,成人重于成器。

3. 高等学校

2018年1月30日,教育部发布我国首个高等教育教学质量国家标准——《普通高等学校本科专业类教学质量国家标准》。在新闻发布会上,教育部高教司司长表示:"我想特别强调一点,首次颁布的《国标》92个专业类中,都有对社会主义核心价值观教育、思想政治教育的内容要求,专业教育与思想政治教育有机结合,人才培养不仅要培养合格的建设者,更要培养可靠的接班人,必

须德才兼备、德学双修。"[一]

在这里,"培养合格的建设者"是"成器","可靠的接班人"则是"成人"。"德才兼备""德学双修"则是强调要"成人""成器"兼备。

二、教育内容

什么样的学生才算"成人"?我认为,能够做到《新时代公民道德建设实施纲要》和《关于培育和践行社会主义核心价值观的意见》这两个文件中要求的学生,就可以称得上是"成人"。

1. 公民道德建设四个着力点

《新时代公民道德建设实施纲要》明确指出,"要把社会公德、职业道德、家庭美德、个人品德建设作为着力点。推动践行以文明礼貌、助人为乐、爱护公物、保护环境、遵纪守法为主要内容的社会公德,鼓励人们在社会上做一个好公民;推动践行以爱岗敬业、诚实守信、办事公道、热情服务、奉献社会为主要内容的职业道德,鼓励人们在工作中做一个好建设者;推动践行以尊老爱幼、男女平等、夫妻和睦、勤俭持家、邻里互助为主要内容的家庭美德,鼓励人们在家庭里做一个好成员;推动践行以爱国奉献、明礼遵规、勤劳善良、宽厚正直、自强自律为主要内容的个人品德,鼓励人们在日常生活中养成好品行。"这些要求既是"成人"的基本遵循,也是我们教育学生的着眼点。

2. 社会主义核心价值观

《关于培育和践行社会主义核心价值观的意见》指出,"富强、民主、文明、和谐是国家层面的价值目标,自由、平等、公正、法治是社会层面的价值取向,爱国、敬业、诚信、友善是公民个人层面的价值准则,这24个字是社会主义核心价值观的基本内容,为培育和践行社会主义核心价值观提供了基本遵循。"要想在班级管理中培育学生"成人",就要紧紧围绕社会主义核心价值观来教育学生。

三、"成人"路径

在培养学生"成器"方面,各级各类学校都高度重视,并且采取了切实有效的措施,在此不再赘述。在如何培养学生"成人"上,虽然政策明确、理论

[一] 邓晖. 587个本科专业好不好 用什么来评判[N]. 光明日报,2018-01-31(08).

清楚，但在教育实践中仍属于薄弱环节。在班级管理工作中更是如此，一些班主任因为理念、境界所限，为了管理而管理，把育人抛在了脑后，一味地追求学生"成器"而放弃培育学生"成人"。有些学校和班主任打着为学生好的旗号，名义上是教育学生，实质上做的却是反教育的事，最终既害了学生，也害了自己，教训可谓深刻。在班级管理中放弃宏大叙事，着眼细节，紧紧围绕公民道德建设四个着力点和社会主义核心价值观育人，教育学生"成人"才有希望。下面以社会主义核心价值观公民个人层面的价值准则为例进行尝试剖析。

1. 爱国

爱国，从静态情感来说，这是生我养我的土地，无论如何都应该"爱"。我国人民都有"叶落归根"的思想，自己的国家就是自己的"根"。从动态情感来说，我们应主动热爱这个国家，因为她让我们的生活更美好，所以我们要热爱和珍惜自己的生活。

爱国可以体现在方方面面。从小的方面来说，爱国主义包含着情感、思想、行为三个基本方面。其中，情感是基础，思想是灵魂，行为是体现。只有做到爱国情感、思想和行为一致的人，才是真正的爱国者。爱国主义不仅代表了人们对自己祖国的深厚情感，更体现为现实的义务和责任。要想培养出"成人"的学生，老师要首先"成人"。知行合一并不仅是说给学生听的，而且是说给班主任听的。

2. 敬业

让在校学生参与值周，是培养学生敬业精神、树立劳动观念的重要制度设计。2015级护理12班值周时发生了一件事。开始值周后的第二天中午，一个学生在群里问："谁愿意和我换值周科室？"当时我就觉得纳闷："为什么要换科室？"还没有等我询问，他值周科室的老师就给我打来电话。原来老师嫌他心不在值周上，要把他退回来。周一还不到中午12点，老师还没有下班，他就着急下班。第一天老师没有说他，第二天中午还是这样。他问老师："我可以走了吗？"正好老师看见门口还有女生在等他，就十分生气地说："你走吧，下午不用来了，我们科室不要你了。"

看到没有人愿意和他换值周科室，这个学生主动来办公室找我，向我求救，希望我能找一个人，和他换换值周科室。"值周老师为什么不要你，你清楚了没有？再换一个人去值周，值周老师难道就要了吗？值周老师说不要你，那是气话，是希望你能借此机会，反省自己，改正错误。换一个人，难道你的错误就一笔勾销了？我给你的建议是：从哪里跌倒，就从哪里爬起来，这才是正确的处理态度。"

"老师还在忙，你就着急走，你怎么那么忙？还有女生在等你，究竟是什么情况？"听到我问话，他赶紧解释："涂爸，我可不是谈恋爱，那是班长找我说点儿事，老师误会了。"

"老师误会了，那解释清楚就行了！作为一个值周生，老师在忙的时候，你要主动帮忙，怎么能老师还在忙，你就着急走呢？一点敬业精神都没有，谁愿意要？"

听了我的分析之后，这个学生表示："涂爸，那我写个检查，认真反思一下，交给老师，行不行？"看到他这个态度，我很高兴："当然可以，你写好先拿给我看看。如果可以的话，我给你再签个意见，相信老师一定会给你一个改错的机会。"

这个学生走了以后，我赶紧到他所在的值周科室汇报了这个孩子的情况。当然，这个学生拿着检讨去了之后，值周老师就给了他继续值周的机会。

后来这个学生值周特别认真，也受到了老师的表扬。这件事对班级其他值周生来说也是一个教训，同学们都从中学到了很多。

2016级护理12班学生在值周期间，发生了这样一件事。一位老师告诉我，说我班的学生值周表现不错，工作用心、积极主动。我听后十分开心，心中暗想：等值周结束以后，周日晚上开班会时我一定要好好地表扬表扬她们。可是，还没有等我表扬，问题就来了——清洁区因无人打扫被扣30分。

"请班长、生活委员、值日组长落实扣分原因。"我把教学楼后黑板上扣分的图片发到班级QQ群里并留言。不一会儿，原因就查明了，原来是负责清洁区的值日生所在的值周科室，下课期间工作繁忙，老师不准请假，所以没有去值日。而且，令我没有想到的是，恰好这两个值日生正是老师向我表扬过的学生。

当日值周结束后，那两个学生主动到办公室来找我说明情况："涂爸，清洁区该我们值日，但是科室特别忙，和老师说了，老师不准假。"自己一直在忙，又没有闲着，现在却因为没有完成值日班级被扣分，那两个孩子可以说是既内疚又委屈。因为按照我们的班规，扣分要落实到人，一下子被扣30分，会极大地影响他们的期末考核成绩。

为了做好这项工作，我特意在周日晚上进行值周动员："明天就要开始值周了，请各位同学一定要注意转变身份。从明天早上起，你就不再是一名学生，而是一个老师、一个职工了。原来你不舒服的时候可以请假，不上课最多是影响你自己的学习成绩；值周期间，"一个萝卜一个坑"，如果不提前说，可能工作就被耽误了。正常上课期间，你迟到、早退了，就是班级扣分，严重了纪律处分；但工作期间你迟到、早退，就不是扣分了，而是扣工资、扣奖金了，甚至可能被开除。当然，我们现在是值周生，没有工资，但仍然要认真工作，爱岗敬业，多观察、多学习，看看老师是如何工作的，这对我们将来走向工作岗位大有好处。"

那两个值周的学生倒是很敬业，工作态度也不错，而且受到了老师表扬。但是，值日就不是工作了吗？自己同时接受了两项工作任务，那就应该合理安排，两项工作都不能耽误。

"凡事预则立，不预则废。"遇事未雨绸缪，提前做好预案，才不至于出现纰漏。现在，很明显，这两个学生是没有制定预案的。因为工作忙，不能分身，打个电话请在爱卫会负责校园清洁卫生的值周同学帮忙，是不是就可以解决这个问题？这对于他们来说是举手之劳。听了我抽丝剥茧般的分析，这两个学生心服口服。当然，第二天就没有再出现类似的现象。

其实，班级在分配值周生时也有不当之处，那就是没有预见到值周生的工作任务与卫生值日之间可能存在的矛盾冲突。后来，2017级护理12班值周时，我特意建议班委将值日生安排到爱卫会值周。结果是，这些学生不但值周效果良好，而且卫生值日也一直受到表扬。

敬业精神的培育在一点一滴中，值日生参与卫生值日、课代表帮老师收作业、班团干部管理班级等都是机会。尤其是见习、实习期间，更是培育敬业精神的好时候。班主任善于观察，注重引导，会给学生将来走向社会打下良好的基础。

3. 诚信

一天下午6点10分左右，我走在回家的路上，突然感觉手机振动了两下，打开一看，发现是2017级护理12班两个学生的请假信息。

一位学生说是在给妈妈做饭，饭还没有做好，可能晚自习不能按时赶来，还给我发来一张正在烙饼的照片。这位学生是单亲家庭，母亲手骨骨折尚未完全康复，无人照料。下午放学时，学生来请假，说要回去给妈妈准备晚饭，晚自习之前回来。对于这种有孝心的学生，我还是十分鼓励的，也愿意给她开些绿灯，就批准了她的请假。没有想到，她不仅没有按时返校，现在又来续假。

因此，对于她的这次续假行为我是有看法的。

然而，看到了第二位学生的续假请求时，我就不仅仅是有看法了，而是有点儿生气了！这个学生下午放学以后来找我，说是想出去取钱，估计用不了10分钟就回来了。这种情况很常见，因为校门外就有几家银行，于是我就给她开了一张出门证，并叮嘱她注意安全。想着她早就办完事返校了，现在竟然说头发太长了，想剪头发，晚自习要晚到。当然，临时起意也是有可能的。如果是她一个人，也没有太大的问题。只要理由充分，我不但允许她续假，还要叮嘱她注意安全，早去早回。

为什么我看到两个人同时请假就有点儿生气了呢？因为这两个人是一个寝室的，平时就是"焦不离孟，孟不离焦"。我推断现在两个人应该是在一起，却用不同的理由来续假，这不是耍小聪明欺骗老师吗？我一再鼓励学生，一定要说实话，只要不是违反原则的事，我一定想办法帮忙。但对于这种一开始就想着通过欺骗达到目的的学生，我也决不纵容。

所以，对于QQ群里这两个学生公开的请假信息，我都没有回复。对于这个不回复，可以有两种理解：一是不同意，二是没看见。看我没有回复，第二位学生打来电话，理由和上述一样。我没有同意，并告诉她："你是以取钱名义出去的，说是10分钟就回来了。我希望你诚实守信、说话算数，晚自习之前到班。如果不到，按班规处理。反正旷课不旷课，你也不在乎！"

她说："涂爸，我在乎！我不想旷课！"

"既然在乎，那就赶紧回来。先斩后奏，不合规矩！"我说完就挂了电话。

随后，我又给第一位学生发了私信，要求她履行承诺，在晚自习开始前返回学校。

晚自习第一节下课时，我问值周班长这两位学生是否已经进班，班长回复没有进班。我告诉值周班长："如果晚自习9点结束之前她们进班，就赶紧给我留言。"我的想法是："由于我和她们都是私下沟通的，如果她们能在晚自习结束前进班，最起码她们做到了自己第二次续假时说的'晚到'，也算守信。那我就批准她们的续假，告诉她们下不为例。"然而，这两位学生没有给我这个机会。当然，值周班长也在班级日志上毫不犹豫地给她们记上了"晚自习旷课两节"。

第二天中午放学以后，两个人主动来找我认错。第二个女孩先开口："涂爸，我确实是去取钱了。出门后才发现附近没有农村信用社，找了1个多小时，也没有找到，就想着去剪剪头发。"

第五章 价值取向

"你原来没有取过钱?"

"没有。这是我妈妈新给我的卡!"

"新给你的卡,不知道银行在哪儿,你就敢说10分钟就能回来?看来你请假时就没有打算10分钟内回来吧?假如你说的是真的,你可以用手机查找一下银行在哪里。如果没有流量,也可以给我打个电话,我就在电脑旁,在网上给你查清楚地址然后发过去,也是举手之劳。如果及时沟通,即便你回来晚了,我也不会生气。我对你可是一直很信任的,但你昨天这样做,是我万万没有想到的。你想想,以后你说的话我还敢相信吗?"我质问她道。

"涂爸,我保证以后不再骗你,说话算数!"

"不是不再骗我,而是不再骗任何人。诚实守信,应该是我们做人的基本原则。"

接着是第一个女孩认错。我指出了两个人的错误,告诫她俩要遵守诺言,不能失信于人,否则,今后将难以获得他人的信任。

诚信既是公民职业道德的基本要求,也是社会主义核心价值观在公民个人层面的价值准则。然而,做到诚信并不是一件容易的事。我在与学生的交往中,发现因为请假问题,家长和孩子联手欺骗班主任的事,也时有发生。

一位学生父母离异,她跟着父亲生活。按照学校要求,周日晚上7点以前学生必须返校上自习。这个学生经常请假,有时候是妈妈替她请假,说是带她出去吃顿饭,第二天早上送孩子到学校。妈妈平时忙,来看女儿,陪女儿吃顿饭也是可以理解的。有时候是爸爸替她请假,说孩子肚子疼、感冒发烧不舒服之类的。人吃五谷杂粮,哪能不生病?所以,刚开始我没有在意,但多次出现类似情况后,我就有点儿怀疑了。

一天,这位学生给我留言,说是姑姑晚上给她补课,不能到校上晚自习了。然后就是她妈妈给我发信息替她请假。父母离异,女儿跟父亲生活,姑姑给她补课,要么在她爸爸家里,要么在她姑姑家里,爸爸和姑姑关系较近,让爸爸请假才是名正言顺的。现在由妈妈请假,难道是她和姑姑一起到了妈妈家里补课?因此,我感觉这个请假有点儿不合常理,就给她妈妈打了电话。她妈妈坦白,因为自己不在孩子身边,所以孩子让替她请假,不忍心拒绝她,并没有核实情况。

我告诉这位家长:"您这样做,对孩子的成长非常不利。孩子养成了欺骗的坏习惯,长大了恐怕也不容易改正,她也难以交到可以信赖的朋友。"孩子是她的,老师也只能提醒家长注意。至于改不改,那就看她怎样选择了。

要想培养学生的诚信品质,除家长以外,班主任的言行也很重要。班主任和学生往来最多，班主任说过的话，承诺的事，一定要算数，不能出尔反尔。对于诚实守信的学生，要及时表示肯定，对其诚信行为做出表扬；对于不诚信的学生，也不能姑息纵容，要用适当的方式予以批评，让其改正错误，重树诚信。

诚信就是一张通行证，班主任着眼于细节，引导学生在待人接物过程中时时处处坚持诚信为本，这样学生离"成人"的目标就会越来越近。

4. 友善

新生入学，在第一次班会课上，我就注意对学生进行"友善"品格的引导。

"同学们，能够来到12班就是缘分。我希望所有的同学遇到问题，都能心存善念，把人往好处想。假如其他同学不小心做了冒犯你或者让你不爽的事，不要想着别人就是故意针对你。为什么不能是别人不小心呢？

"水房中，有同学不小心把水洒到你身上，要学会原谅。哪怕是开水烫伤了自己，只要对方是无心之过，也要得饶人处且饶人。为此破口大骂，缺乏教养；大打出手，更是有损形象。"

"看到其他同学小声说话，不要想着就是在议论你。哪怕他们真的是在议论你，也不要放在心上。自己的言行若有不妥之处，以后注意改正。确信自己没错，不要让别人影响你，更不要用别人的错误来惩罚自己。"

"有的同学可能会说，我真的把他往好处想了，他就是针对我。即便如此，那你也要用委婉、不伤害人的做法来表达你的不满。"

在班级我是这样要求的，也是这样做的。凡是能够心存善念，遇事把人往好处想的，我就表扬；凡是不能友善待人，遇事把人往坏处想的，我就批评。由于时时讲，处处讲，班里学生的素质也越来越高，同学之间也很少出现打架、斗殴现象。

要求学生做到的，老师要率先做到。无论是在学校还是在家里，无论是在人前，还是在人后，我都注意友善待人。

构建和谐社会，从培养学生"成人"开始。人一旦养成了友善待人的习惯，就会自觉践行。如果每一个人都能时时处处想到做善事，我们的社会将会更加文明、和谐。

除了社会主义核心价值观之外，其他公民基本道德规范，如"明礼""遵规""正直""自强""自律"等同样重要，班主任在班级管理中也要时时注意引导。

在此，仅把我平时围绕社会主义核心价值观公民个人层面的价值准则教育学生的一些做法写出来，以期起到抛砖引玉、举一反三之效。

第三节　教育价值取向的理论溯源

能否从理论上厘清教育价值取向问题，不仅对班主任的班级管理实践具有重大意义，甚至还会直接影响立德树人目标的成败。

一、教育价值取向之应然

应然，是一种理想状态，是指在研究领域中，应该是什么样子。研究教育价值取向之应然，应该从什么是教育开始。在我国，"教育"一词始见于《孟子·尽心章句上》："君子有三乐，而王天下不与存焉。父母俱存，兄弟无故，一乐也；仰不愧于天，俯不怍于人，二乐也；得天下英才而教育之，三乐也。"许慎在《说文解字》中解释道："教，上所施，下所效也；育，养子使作善也。"这一解释，就目的而言，使人为善；就手段而言，强制意味明显。

在西方，"教育"一词源于拉丁文edcare，前缀e有"出"的意思，意为"引出"或"导出"，意思就是通过一定的手段，把某种本来潜在于身体和心灵内部的东西激发出来。从词源上说，西方"教育"一词有"内发"之意，而我国"教育"一词则"外铄"意味较浓。但无论是"内发"，还是"外铄"，就其功能而言，教育不仅应该体现在对经济和生产力发展的促进和文化传承上，此为教育的工具价值，即"成器"；也应该体现在教育活动最核心的职能——促进人的发展上，此为教育的本体价值，即"成人"。

1. "成人"

"成人"是从教育本体价值切入，对于教育价值取向的一种界定。这是一种对理想人格的追求，而且这种追求只能通过各种教育实践活动来实现。真善美的品格就是要通过对学生知情意信行的培育来实现，这是教育的应有之义。

何谓"成人"？"成人"，首先是一个年龄概念。人生而幼，不可谓成人；幼而学，学而长，人的学习与成长，也应该是社会道德内涵不断扩充的过程。现代使用这一概念，多是着眼于人的年龄、体能和智力，从而理解为"成年的人""完全发育的人"，而较少注意它的道德内涵。其实，"孔子和儒家学派认为，所谓'成人'，更多的还是指人的道德人格的养成。"[一]

[一] 杨朝明，孔子论"成人"[EB/OL].（2007-12-13）[2018-08-23]. http://www.chinakongzi.org/gxdt/200712/t20071223_3113959.htm.

《礼记·孝经》有云:"天地之性,人为贵。""人"是儒家思想的出发点、立足点和落脚点,是其贯穿始终的关怀主体。在儒家后世学者中,如汉儒董仲舒,宋儒朱熹、陆九渊,明儒王阳明,清儒魏源等,皆直接秉持了"天地之性人为贵"的思想。从这一角度看,儒学就是一部人学,是关于人的成长教育、理想追求,以及自我实现的学说,是一种"成人"之学。

那么究竟如何理解"成人"呢?这里的"成"既可解释为"成为人"(动词),即教育人成为一个真正的"人";又可解释为"全人"(形容词),即完美人格之人。朱熹注曰:"成人,犹言全人。"(《论语集注·宪问》)杨伯峻注曰:"全人,道德和才能都达到了一定水平的人。"(《论语译注》)《说文解字》曰:"全,完也。"《周礼·冬官考工记》载:"玉人之事,天子用全。"注曰:"全,纯用玉也。"即全者,纯色之玉也。杨朝明、宋立林主编《孔子家语通解》时参照《说苑·辨物》将"成人"解释为"完美无缺的人"。可见,"成人"涵盖着形式上与内涵上皆"完成"的旨归。

儒家有关"成人"的论述可考之处有三:

一是《论语·宪问》,子路问孔子怎样才能算成人。孔子说:如果具有臧武仲的智慧(若臧武仲之知),孟公绰的寡欲(公绰之不欲),卞庄子的勇敢(卞庄子之勇),冉求的才艺(冉求之艺),再用礼乐加以修饰(文之以礼乐),也就可以算是成人了(亦可以为成人矣)!他又说:现在的"成人"又何必这样呢?(今之成人者何必然?)"看见利益就想起该不该得"[一](见利思义),"在危难之际能够勇于承担责任"[二](见危授命),长久地处于困境之中还能不忘平日的诺言(久要不忘平生之言),也就可以算是成人了。

二是《孔子家语·颜回》,孔子回答颜回"成人"和"成人之行"。孔子认为:成人应当通达人类本性的原理(达于情性之理),通晓各类事物的变化(通于物类之变),了解各种物象产生的缘故(知幽明之故),洞察风云变化的根源(睹游气之原),像这样就可以称为成人了(若此可谓成人矣)。已经具备成人的素质(既能成人),再施以仁义礼乐来教化[三](而又加之以仁义礼乐),这就具备了成人的德行(成人之行也)。

三是《荀子·劝学》,荀子阐释何谓"成人"。荀子说:君子知道学得不全不精就不算是完美(君子知夫不全不粹之不足以为美也),所以诵读群书以求融会贯通(故诵数以贯之),用思考和探索去理解(思索以通之),效仿良

[一] 杨伯峻. 论语译注[M]. 北京:中华书局,2017:211.
[二] 杨朝明. 论语诠解[M]. 济南:山东友谊出版社,2016:127.
[三] 杨朝明,宋立林. 孔子家语通解[M]. 济南:齐鲁书社,2013:225.

第五章 价值取向

师益友来实践（为其人以处之），去掉自己错误的习惯性情来保持养护（除其害者以持养之）。使眼不是正确的就不想看（使目非是无欲见也），使耳不是正确的就不想听（使耳非是无欲闻也），使嘴不是正确的就不想说（使口非是无欲言也），使心不是正确的就不愿去思虑（使心非是无欲虑也）。等达到完全醉心于学习的理想境地（及至其致好之也），就如同眼好五色（目好之五色），耳好五声（耳好之五声），嘴好五味那样（口好之五味），心里贪图拥有天下一样（心利之有天下）。如果做到了这般地步，在权利私欲面前就不会有邪念（是故权利不能倾也），人多势众也不会屈服的（群众不能移也），天下万物都不能动摇信念（天下不能荡也）。活着是如此（生乎由是），到死也不变（死乎由是）。这就叫作有德行、有操守（夫是之谓德操）。有德行和操守，才能做到坚定不移（德操然后能定），有坚定不移然后才有随机应对（能定然后能应）。能做到坚定不移和随机应对（能定能应），那就是成人了（夫是之谓成人）。⊖

古代先贤们对"成人"一词竟然有如此明确的论述，这在儒家浩繁的思想和理论体系中是不多见的。中国艺术研究院王晓茹博士认为，"根本原因在于：'成人'无论作为一种生理过程或是人格理想的完成，皆关系到每个人的身心性命，是国家民族的立足之本。"⊜

从"子路问成人"看，一个人聪明有智慧、清廉不贪心、勇敢有胆识、多才多艺，具有"知""不欲""勇""艺"等优秀素质，也不可谓之"成人"。孔子强调的仍然是"礼乐"，以"文之以礼乐"作为人之"成人"的必要前提。杨朝明先生认为："孔子强调礼乐的约束作用，因为这是做人应具有的最起码的品质。仅仅具有某种技能，仅仅具有某个方面的素质，就像通常所说的'有知识没文化'，解决了'治学'的问题，并不等于解决了'做人'的问题。"在没有礼的约束的情况下，如果走向偏了，就不仅不能"成人"，而且还会使一些原本可贵的品质走向反面。所以孔子说："恭而无礼则劳，慎而无礼则葸，勇而无礼则乱，直而无礼则绞。"（《论语·泰伯》）恭、慎、勇、直都是优秀的品质，但没有礼的制约，一味地恭、慎、勇、直，就会带来种种弊端，甚至酿成大乱。

在人成为"全人"的历程中，"智、清、勇、艺、礼"这五个方面的素养之间的交互关系与作用在于："兼此四子之长，则知足以穷理，廉足以养心，勇足以力行，艺足以泛应，而又节之以礼，和之以乐，使德成于内，而文见乎外。则材全德备，浑然不见一善成名之迹；中正和乐，粹然无复偏倚驳杂之蔽，而其为人也亦成矣。"（《论语集注》）

⊖ 方勇，李波译注. 荀子·劝学 [M]. 北京：中华书局，2011：1.
⊜ 王晓茹. 舞蹈教育的"成人"价值 [D]. 北京：中国艺术研究院，2013：1-3.

因此，孔子答颜回之问时提出，"成人"应通达"人性之理、物类之变、幽明之故、游气之原"，即通晓万物之理与万事之由，然而这仅仅是"知"的层面，要想"成人之行"，还须通过礼乐教化，将人文知识内化为人文素养，知行合一。

荀子则从"成人"的培养途径与教育宗旨两个方面进一步解释"成人"，指明修身成人贵在"除其害者以持养之"，其目的在于——"非礼勿视、非礼勿听、非礼勿言、非礼勿动"（《论语·颜渊》）。

值得注意的是，第一处原文中用了"亦"字，孔子说了如此等等，还是用了"亦可以为成人矣"，他认为并没有完全达到理想中的"成人"。由此可知，在孔子的心目中，"成人"之等次是有别的，即有"小成""大成"之分，同时"成人"之标准也是与时俱进的。

《大学》首章讲得极为清晰，开宗明义地提出"三纲领"（明明德、亲民、止于至善）与"八条目"（格物、致知、诚意、正心、修身、齐家、治国、平天下），阐明儒家心目中的"成人"标准与"成人之道"的全部历程，而在这一历程中"修身"是其中心环节。所以，《大学》强调："自天子以至于庶人，壹是皆以修身为本"，而"修身"的最终目标就在于"成人"。这种"成人"教育理念，深刻影响着后世教育家、思想家。宋代以后各地兴起的书院，正是许多大儒努力实践"成人"教育理念的重要载体。[一]

人是教育最基本的着眼点，人的问题是教育的中心问题。"成人"是教育质的规定性，是教育的本质所在。教育的直接目的是满足人自身生存和发展的需要，促进人自由、全面发展是教育的最高目的。从根本上讲，教育应当把人作为社会的主体来培养，而不是把人作为社会的被动客体来塑造。因此，"成人"应该是教育价值取向的首要选择。

2. "成器"

"成器"是从教育的工具价值切入，对教育价值取向的一种界定。

在传统文化中，"器"是一个相对复杂且层次颇多的概念。细言之，略有五种[二]：一者器皿，用来盛放食物与浆酒的器具。老子曰："埏埴以为器"，河上公注之："和土以为饮食之器也。"（《帛书老子校注》）即器皿之意。二者器械，指用于做工或作战之器具。"工欲善其事，必先利其器。"（《论语·卫灵公》）一个人若想圆满地完成某项工作，需得先把他做工的器械磨砺好。三者礼器，专用于祭祀，无实际用途。"皮革齿牙、骨角毛羽不登于器，则公不射，古之制也。"（《左传·隐公五年》）这里的"器"便是用来祭祀天地鬼神的礼器。四者技艺技能，子曰：

[一] 帅建华. 儒家成人观及其现代人本管理价值研究 [M]. 湘潭：湘潭大学出版社，2009：26.
[二] 傅旭茂. 超越"器"的藩篱——职业教育的本体之思 [D]. 济南：山东师范大学，2016：9.

第五章 价值取向

"君子不器",君子之养成不可囿于技艺技能。五者具有技艺技能之人。孔子曾如是评价子贡:"汝,器也",此"器"即是第五种含义。

在上述五种含义中,第一种器皿,乃"器"之本意。二三则为"器"中特指,它们源自特殊需要,用于特殊场合。四与五是"器"之延伸义,分别指技艺技能和拥有技艺技能的人。就教育而言,技艺技能是内容之一,而培养拥有技艺技能的人则为目标之一。所谓"成器",也就是成为拥有技艺技能的人。

就教育而言,"成器"作为一种价值取向,就是要培养各具特长的专业人才和专家,这是各个领域不可或缺的专业人才。

二、教育价值取向之实然

实然,是一种现实状态,是指在研究领域中,实际是什么样子。研究教育价值取向之实然,就是探讨目前的教育价值取向的实际状况。必须指出的是,将教育价值取向分为"成人"与"成器",只不过是考察的重点不同而已。就个人成长而言,"成人"与"成器"同等重要,不可偏废。墨子有云:"德为才之帅,才为德之资。德器深厚,所就必大;德器浅薄,虽成亦小。"(《墨子》)北宋政治家司马光说:"才者,德之资也;德者,才之帅也。"(《资治通鉴·周纪一》)司马光在分析智伯无德而亡时指出,"才德全尽谓之圣人,才德兼亡谓之愚人,德胜才谓之君子,才胜德谓之小人。"(《资治通鉴·周纪一》)正所谓"有德有才是正品,有德无才是次品,无德无才是废品,无德有才是危险品"。在理论上,德与才的关系论述已经十分清晰。然而,在实践中,教育价值取向上的"重才轻德"现象仍然存在。

1. 中小学

在基础教育领域,一些中小学重视教育工具价值,强化学生的逻辑思维能力训练。考试考什么,学校就抓什么,一切教学管理安排都围着考试转。这种以"成器"为价值取向培养的学生,突出的特点是"会应试"。把全部时间和精力都用来提高应试能力,学生的动手能力、审美能力、交往能力往往就顾不上了。学生考上了名牌大学——家长高兴——学校吸引更多优质生源入学,实现"双赢"。这种为应试而教育的弊端十分明显,当前不提倡。

2. 职业院校

在职业教育领域,这种现象同样存在。很多职业院校以能培养"技术本位"和"能力本位"的人才为荣,却很少提及学生的职业道德。一些职业院校在"成器"方面不是十分成功,在培养学生"成人"方面做得也不是很理想。

《中国职业技术教育》杂志 2015 年刊载的一份针对某市 4 所职业院校 1111 名学生职业道德教育现状的问卷调查显示,对于职业道德教育内容的认知,"选择'有点了解'的学生人数最多,有 723 人,比例高达 65.1%;选择'比较了解'和'非常了解'的人数为 201,占 18.1%。""认为'高职院校学生职业道德状况''非常好'的学生占 11.3%,认为'比较好'的占 44.4%;认为'一般'的占 41.5%"[一]。这个调查结果表明,很多学生根本不明白何为"职业道德",也不认可职业道德现状。

为什么会出现这种情况?原因在于教师尽管知道职业道德教育非常重要,需要系统讲授,但随着时代发展和科技进步,需要讲授的专业技能更多,在课时紧张的情况下,不得不砍去一部分职业道德教育内容。有时候,为了完成课时量,教师不得不在教学周历中增加实践环节。这种现象从当前国内盛行的职业教育培养模式中也可以窥见一斑。

目前,国内职业院校人才模式主要有"五阶段"模式、工学结合模式和"订单式"模式等。其中,"五阶段"模式是借鉴国外先进的职业教育教学模式,结合中国国情,在全面总结经验的基础上,从"市场调查与分析、职业能力分析、教学环境的开发、教学的实施、教学管理与评价"等五个阶段,设计开发的一套较为完整的、适应我国社会主义市场经济特点的能力本位人才培养模式;工学结合模式是一种将学习与工作相结合的教育模式,以学生为主体,以职业技能培养为主线,充分利用校内外不同的教育环境和资源,把课堂教学和直接获取实际经验的工作有机结合起来;"订单式"人才培养模式更是针对企业需要制订人才培养计划,学生毕业后直接到用人企业就业的一种校企合作模式。这三种模式都是以培养学生的职业能力为核心,而对拥有这种能力所应该具备的道德与责任均涉及甚少。

随着时代的发展,又出现了"产教结合、校企一体"的办学模式。由于各个学校的实际情况不同,各专业的特点不同,所以具体做法也不尽相同。就整体而言,产教融合就是指职业学校根据所设专业,积极开办专业产业,把产业与教学密切结合,相互支持,相互促进,把学校办成集人才培养、科学研究、科技服务为一体的产业性经营实体,形成学校与企业浑然一体的办学模式。在这一办学模式下,如何将知识传授、能力提升与价值引领相结合,实现"成人"与"成器"相结合是关键。

3. 高等学校

在个别高校中,无论是校领导、教师,还是家长、学生,都对技能培养十

[一] 高武,徐嫒嫒,张环. 高职院校学生职业道德教育现状的问卷研究[J]. 中国职业技术教育,2015(01):83-87,91.

分看重，对人格养成却重视不足。如医护专业缺乏对医德的重视，教育专业缺乏对师德的重视，化工专业缺乏对科学伦理的重视，建筑专业缺乏对建筑师职业道德的重视……为了让学生有一技之长，能较快谋生，学校对所选专业十分重视。理工科专业方向重视培养学生的逻辑思维能力和操作能力；人文和社会科学专业方向重视培养学生的艺术能力与交往能力；艺术和体育专业重视培养学生的艺术能力与操作能力。

在这种教育价值取向的指引下，通过运用技术技能，学生们得到了他们认为所应该得到的，却很少会思考技术技能本身就包含着责任。"生物学专业的学生学会了如何利用生物知识培育一种高产作物，却很少会在意这种作物会不会给人类和自然带来潜在的威胁；经济学专业的学生学会了如何通过操作证券和股票来赚取可观的利润，却很少会考虑这部分收益是否会损害他人的正当利益；教育学专业的学生学会了如何运用教学规律帮助受教育者取得一个不错的成绩，却很少会思考在教育过程中，如何传递爱、智慧与勇气。"[一]

这种以"成器"为价值取向培养的学生，突出的特点是"能就业"。在就业竞争十分激烈的年代，较早确定专业方向、为专业而教育的价值取向，有其实用性与合理性。但是，从长远来看，这种教育价值取向功利性明显，并不利于学生的道德品质提升和整个社会的和谐发展，必须加以纠正。

三、教育价值取向之使然

使然，是一种价值自觉，是指如何顺应规律将目前的样子变成应该的样子。研究教育价值取向之使然，就是探讨教育价值取向如何才能符合立德树人的要求。诚然，能力与技术虽然可以帮助个人赚取生活所需的物品，但就其本身而言，并不能使人成为人。在班级管理过程中，重视学生能力的培养固然重要，但如果完全忽略道德的培养，使能力与技术仅成为一种获利的工具，显然是有违立德树人的教育理念的。因此，班主任在教育学生的过程中，必须"成人"与"成器"兼顾，力争"守好一段渠，种好责任田"，为学生"扣好人生的第一粒扣子"。

1. 君子不器

《易经》有云："形而上者谓之道，形而下者谓之器。""道"偏重形上之本体，"器"偏重形下之末用。儒家认为培养弟子应该使之成"器"，如子路能治兵，子贡善言辞，冉有多才艺，颜渊有德行。但是，"成器"并不意味着在班级管理中应该把"器"作为教育的最高目的。

[一] 傅旭茂. 超越"器"的藩篱——职业教育的本体之思[D]. 济南：山东师范大学，2016：2.

孔子也认为："君子不器。"（《论语·为政》）他认为学生的培养不应该为"器"所囿，一才一艺的获得不能成为君子的志向。故孔子笑骂子贡，"女，器也"；训斥冉有，"力不足者，中道而废，今女画"（《论语·雍也》）；告诫子夏，"女为君子儒，无为小人儒"，都是在教导弟子不应为"器"所限，自满于具体才艺的获得。孔子希望弟子是大器的人。

所谓大器，就是器量大、器识远。工具式的人当然不可能器大。这就要求做到"成人"与"成器"兼顾。

2. "成人"与"成器"兼顾

"成人"与"成器"兼顾，我认为可以从自然、社会、个人三个层面来理解：

从自然层面来说，"成人"与"成器"兼顾意味着超越技术技能的限制，从此这个人便可追求技术技能之上的道德。通过道德的修养，达到一种新的人生境界，实现人与自然的和谐。

从社会层面来说，"成人"与"成器"兼顾意味着使技术技能变成道德的载体，维持社会安宁与秩序。因为"器"所代表的技术技能本身是没有好坏的，有好坏之分的是掌握着技术技能的公民。如果一个社会的公民在其所接受的教育中，只学会了维持自身生存的一项或几项技术技能，却并没有获得与之相应的德行，可能会对社会造成一定的危害。

从个人层面来说，一个人首先是一个道德高尚的人，具有人之为人的根本，然后才能是职业人，具备谋生的手段和技能。这就要求班主任在教育学生的过程中，要把"成人"放在第一位，使学生具备与自己能力相应的道德品质，将来成为社会的有用之才。就学生而言，只有在习得与其技术相匹配的道德后，才能够超越自身的技术，获得一份心灵的宁静，从而"诗意地栖居在这片大地上"。

"教育是国之大计、党之大计。"要解决"培养什么人、怎样培养人、为谁培养人"这一根本问题，就要打破长期以来思想政治教育与专业教育相互隔绝的"孤岛效应"，遵循教书育人规律，遵循学生成长规律，不断提高工作能力和水平。习近平总书记在全国高校思想政治工作会议上指出："要用好课堂教学这个主渠道，思想政治理论课要坚持在改进中加强，提升思想政治教育亲和力和针对性，满足学生成长发展需求和期待，其他各门课都要守好一段渠、种好责任田，使各类课程与思想政治理论课同向同行，形成协同效应。"只有将立德树人贯彻到班级管理、课堂教学全过程、全方位、全员之中，推动思政课程与课程思政协同前行、相得益彰，构筑育人大格局，才能真正实现"成人"与"成器"并重，培养出德智体美劳全面发展的社会主义建设者和接班人。

第六章

家校互动

Chapter 6

家校互动涉及家长、学生、学校三个主体。其中，学生既是家校互动的纽带，又是家校互动的目标对象。在家校互动过程中，代表学校与家长沟通最多的是班主任。鉴于家长教育能力不一，很多时候班主任又要肩负起指导家长教育孩子的重任。班主任作为家校互动的主导方，了解家校互动的误区、原则、方法，对于实现立德树人目标具有重要意义。

第一节　家校互动的常见误区

老师和家长是孩子成长的双翼。要想让孩子健康成长，老师和家长必须密切配合。可以不夸张地说，在每一个"好学生"的背后，都有一对配合默契的老师和家长。反过来，在每一个"差学生"的背后，同样也都有一对更需要成长的老师和家长。我们常常看到，有的老师和家长教不好孩子，还说："怎么会这样？该做的我都做了啊！""我真的是为他好啊！他怎么就不理解我呢？"所有不成功的教育都存在一个最大的问题，就是教育者错了而不自知。老师和家长在与孩子互动、陪伴孩子成长过程中如果能避免"恶性比较""不当责备""方法粗暴""包办一切"四个常见误区，就会少走很多弯路。

一、恶性比较

一个叫"含笑"的孩子数学考了 99 分，借班主任的手机给他妈妈打电话："妈，这一次考试我考了 99 分。"他妈一听就恼火了："考了 99 分你还有脸跟我说！和你说过多少回了，让你细心点儿，细心点儿，你就是不听！你看你表哥，每一次考试都是 100 分，你怎么就不能向他好好学学呢！"

其实，99 分已经是全校最好成绩了，她儿子之所以借手机给她打电话，就是觉得自己成绩还不错，想给妈妈一个惊喜。看着满脸沮丧的孩子，听着电话里传来的咆哮声，这位班主任忍不住示意孩子把电话递过来。

"你下一次再细心一点儿，不就考 100 分了吗？"以为还是自己的孩子在听电话，妈妈依然在训斥。

"是含笑的妈妈吧？我是含笑的班主任，您的孩子学习很努力！这一次考试题很难，孩子们普遍成绩都不太理想。含笑考了 99 分，是全校第一名，已经很不容易了。考试成绩和出题难易程度、孩子的努力程度都有关系，不能全怨孩子！我理解您的心情，但我希望您能用平和的心态看待孩子的考试成绩。给孩子太大压力，有可能适得其反。"

后来，这位班主任在和我交流时说："在电话里，有一句话我一直忍住想说而没有说，您知道是哪一句话吗？就是'您这个当妈妈的，上学的时候是不是每次都考 100 分？如果您自己也做不到每次都考 100 分，凭什么要求孩子每次都考 100 分？'"

网上有一个段子是这样讲的。一天学校发成绩，毛毛球又没考好，结果他妈妈把他"修理"了一顿，一边打一边数落："你看看人家孩子，考得多好……你看看你，学的什么！"

哭完后，毛毛球自言自语地说："这世上有三种笨鸟，第一种是先飞的；第二种是嫌累不飞的。"说到这里，毛毛球停住不说了。妈妈忍不住问："第三种呢？"

毛毛球说："第三种是自己飞不起来，就在窝里下个蛋，要下一代使劲飞的。"说完之后，毛毛球又加一句："这第三种笨鸟最可恨！"

段子归段子，但内容值得我们深思。仔细看一下，我们身边有没有习惯于恶性比较的家长？自己考不上北大、清华，却要硬逼着孩子考北大、清华。"望子成龙""望女成凤"，虽然心情可以理解，但是物极必反。所以说，度的把握也十分关键。

二、不当责备

孩子犯错了，父母忍不住进行批评也无可厚非，毕竟都是为了孩子好。但如果不分时间、不分场合，批评不仅不会取得好的结果，反而可能对孩子的身心健康造成伤害。为了避免出现这种现象，在家规、家训严格的古代，睿智的家长们在孩子犯错的时候，总结出了育儿"七不责"，即对众不责、愧悔不责、暮夜不责、饮食不责、欢庆不责、悲忧不责、疾病不责。这充满教育智慧的育儿"七不责"，现在很多老师和家长都没有做到。

1. 对众不责

一个小学生在学校把裤子弄脏了，班主任通知家长来学校给孩子送衣服。家长来到学校以后，当着老师和同学的面批评孩子："这么大人了，还照顾不好自己！平时我怎么教你的？……"

这种在大庭广众之下或者当着熟人的面批评孩子的做法，丝毫没有顾及孩子的面子。要知道，孩子再小，也有自尊心，也需要心理上的保护和宽容。当着外人的面教训孩子，或者把孩子的糗事当作笑料反复说给别人听，让孩子出丑，不仅会伤害孩子的自尊，而且会使其破罐子破摔，不以为耻，习以为常，在无形中强化其错误行为。

"对众不责"这一条，不但家长没有做好，很多班主任也没有做好。从教这么多年，见惯了太多当众批评学生的班主任。有时候，班主任口气之严厉让学生无地自容，恨不得有个地缝都想钻进去。遇到老实的学生，你批评就批评了。遇到有点儿脾气的学生呢？如果他不服气，当众跟你辩解怎么办？你声音大，结果他比你还大。出现这样的局面，又该怎样收场？

多少师生间不可收拾的矛盾冲突，就是因为当众批评学生引发的。学生有了不当之处，为什么不可以把他叫到没人的地方，然后再给他指出来呢？

小时候常听大人讲一句话："当众教子，背后教妻"。意思是批评孩子要当着众人的面，以示家教严格。批评妻子时，要维护妻子的形象和尊严，必须回家在没有外人在场的情况下。言外之意，大人要面子，小孩不要面子。事实果真如此吗？小孩难道真的就不要面子了吗？

我上了学之后，面对老师的公开批评，心里也觉得不舒服，但转念一想，班主任也是为了我好，毕竟我做错了。工作多年之后，在与学生的交往中，我逐渐认识到，对于学生的错误虽然不能迁就，解决的方式方法难道不可以选择吗？既然是教育学生，有必要以牺牲学生尊严的方式来进行吗？

我总认为，师生之间、亲子之间都应该做朋友。老子在《道德经》中说："曲则全，枉则直。"孟子在《孟子·离娄章句下》指出："责善，朋友之道也。"对此，王阳明先生在《教条示龙场诸生》中进行了阐发："责善，朋友之道，然须忠告而善道之。悉其忠爱，致其婉曲，使彼闻之而可从，绎之而可改，有所感而无所怒，乃为善耳。若先暴白其过恶，痛毁极底，使无所容，彼将发其愧耻愤恨之心，虽欲降以相从，而势有所不能，是激之而使为恶矣。故凡讦人之短，攻发人之阴私，以沽直者，皆不可以言责善。"

在王阳明先生看来，对朋友的过失，要做到尽力地劝告和开导，但要注意说话的方式。只有这样，才能尽到自己忠诚爱护的本意。

那么怎样才是好的说话方式？好的说话方式就是在劝告和开导朋友时，要做到态度尽可能地委婉。因为只有这样，对方才更容易接受，进而反思，于是才能明白其中的道理并加以改正，对自己也是只有感激而没有恼怒。

在劝告和开导朋友时，如果先揭发他的过失，并进行斥责，会让本来心怀愧疚的他更加无地自容，结果也只会激怒他。他就不仅不会反省和改正，甚至还可能变本加厉，并对你产生怨恨，那连朋友都没得做了。

所以但凡揭别人的短处，攻击别人的隐私，以故作正直的举止来牟取名誉的人，都不是用语言监督、提醒朋友，使朋友臻于至善的人。如果是当面这样对待朋友，那就不仅是方法不当的问题，而且是人品有问题了。

明代晚期著名学者吕坤在其所著的语录体、箴言体的小品文集《呻吟语》

中指出:"责善要看其人何如,其人可责以善,又当自尽长善救失之道。无指摘其所忌,无尽数其所失,无对人,无峭直,无长言,无累言,犯此六戒,虽忠告,非善道矣。其不见听,我亦有过焉,何以责人?"

意思是说,劝人为善也要看那个人的情况如何,如果那个人可以相劝,则以善言相劝,相劝时也要注意采取适当的方法。不要揭人短处,不要尽数过失,不要发生口角,不要过于直率,不要讲得太深,不要啰唆。如果违反上述六条,即使是肺腑之言,也不是劝人为善的方法。对方不接受你的劝告,说明自己也有过错,这样又怎么责劝别人呢?

王阳明和吕坤的这些观点,对我们同样适用。面对孩子的错误,该说的话还是要说,要做到坦言但不至于恶言冒犯,委婉而又不因为避讳而不说。只有这样,才能实实在在地有益于孩子的成长,有益于增进彼此的感情。这样做不仅是修养的体现,也是说话的智慧。

人多时或者在公众场合,要给孩子留下颜面,保护好他的尊严。无论是成人还是孩子,都是希望自己在众人面前保持良好的形象,即使周边都是陌生人,也要记得遵守这一规则。

当然,"对众不责"并非姑息纵容,如果是原则性错误,如打人、抢夺、偷盗等,老师和家长应马上制止,并将他带到没有人的地方,及时批评教育,帮助他纠正错误。

2. 愧悔不责

一位班主任给我留言,坦言自己遇到了"刺头",班里一个男生和他"杠上了"。事情的起因其实很简单,实验课结束以后,同学们回到了班里,这个男生趴在桌子上睡了一会。第三节上课时,老师进来喊"上课",他睡着了没有听见,就没有起立。任课老师十分生气,认为这个学生不尊重他,就让他去找班主任。

曾经不止一个任课教师告过这个学生的状,如上课说话、睡觉、做小动作、吃东西等。经过批评教育他有所改变,没想到这次又犯了。所以接到任课教师的电话,班主任就有些生气。

这个学生来到办公室以后,还没有等班主任开口,就自己先说话了:"我没有不尊重老师,我就下课了在课桌上趴一会儿,没听见老师喊上课,同学们也没有人喊我,就没有起立。我错了,下次不会了!"

因为有不遵守课堂纪律的前科,这次又辩解没有同学喊他,这位班主任老师的火一下子就上来了："自己睡着了，还埋怨别人没有喊你！你昨天晚上几点睡的？是不是又玩手机了？"因为声音太大，话一出口，连他自己也吓了一跳。

看到班主任这样冤枉自己，这个学生也不干了："你什么时候看到我又玩手机了！我昨天一熄灯就睡了，不信你去问问我寝室的人！"学生的声音也很大。

因为办公室里还有其他同事在，这个班主任脸上有点儿挂不住了。"你怎么这样给我说话？！经常违反课堂纪律，你还有理了？！你不用上课了，去叫你家长过来吧！"听到老师这么说话，学生也很生气："不上就不上！"这个学生扭头甩开门走了。

看到学生表现得如此嚣张，班主任就打电话通知了家长。下午4点多，妈妈带着孩子来到办公室，班主任介绍了整个情况，妈妈听了以后让孩子向老师认错。谁知孩子不但拒不认错，可以说连个站相都没有。妈妈也感觉没有面子，就大声呵斥孩子："站好！"孩子也没有理她，局面一下子僵住了。无论班主任和家长说什么，这个孩子就是不说话。就这样，过了几个小时，还是毫无结果。家长说："我带孩子出去劝劝他，等一会再来找您。"就带着孩子离开了办公室。再回来时，已是一个多小时以后。这个孩子在妈妈的陪伴下，给班主任认了错，承诺再犯错误就自动退学。看到孩子认了错，班主任就让他回寝室睡觉，并且请他妈妈也回家了。

"涂老师，我从上午10点多开始处理这个事，晚饭都没有顾上吃，到家已经快晚上10点了！班主任这活太不容易了！"讲完整个经过，这位班主任不忘吐槽。

面对这样的事，我真不知道该说些什么。可以毫不客气地说，这位班主任辛苦都是自找的。孩子一进办公室就说自己"没有不尊重老师""就下课了在课桌上趴一会儿""没有听见老师喊上课"，难道就没有可能是实情吗？尽管说同学们没有人喊他，确实有推卸责任的嫌疑，毕竟没有喊也是实情。尤其是最后一句，"我错了，下次不会了！"说这话是什么意思？不就是认识到自己的错误，已经后悔了吗？这时候你不但接着批评，还上纲上线、乱贴标签，他会不和你急吗？

我带2017级护理12班也遇到过类似的一件事，也是任课老师认为学生不起立是不尊重他，就让学生来找我。说实在话，我并不认同任课老师的这种做法。暂且不说不起立与不尊重是否可以画等号，也不说故意不起立和因为睡着不起立的异同，上课你让学生出来，不让他听课，合适吗？老师难道就可以随意剥夺学生上课的权利吗？等班主任找他谈了话，他认了错，你会给他补课吗？但这些话，我只能憋在心里，不能说给学生听。在学生面前，还要维护任课老师的面子。

第六章 家校互动

这位网名为"勉强"的学生来到办公室在我面前一站,就说:"涂爸,我错了!我昨天睡得晚,课间瞌睡了,不知道老师进来。我下次注意,请您原谅!"进门就认错,这就是我的学生。因为他们知道,只要认错,我就不会再批评他们。

"和我认错没有用,我原谅也没有用,关键是任课老师原谅不原谅你。"我开口很平静,根本就没有生气,"昨天怎么回事,为什么睡得晚?"

"我打游戏呢。"他低着头,十分不好意思地说。

"那今晚接着打游戏,然后白天接着睡。要不要来我办公室睡?你看,我办公室有沙发。趴在课桌上多辛苦?!"我调侃道。

"不打了。"

"不打游戏能控制住?"

"能控制住。"

"能控制住就好。那你说,这一次怎么办?还想回去上课不?"

"我写个检查,请任课老师原谅。行不行?"

"写检查可以,但任课老师原谅不原谅你,我就不知道了。那得看你的认错态度和以后的表现。"

我找出来纸和笔递给他。这个学生很认真地撰写检讨书。然后,我在上面签上字:"鉴于该生认错态度诚恳,请再给他一次改正错误的机会。"他就拿着检讨书,赶在第一节下课之前,在教室门口等候任课老师了。

有的老师可能会问:"如果他再犯呢?"再犯就再处理。毕竟,按照校规,上课不起立什么处分也够不上。因为不起立停学生的课,也只不过是个别班主任和任课教师"任性"的做法而已。

后来我告诉那位班主任:"你仅仅是没吃上饭,应该感到庆幸。假如这个孩子跑了,家长来了见不到孩子,恐怕你不好收场吧?有一个学校,因为学生失踪,学生科、保卫科、班主任和家长一起到处找,找了好久也没有找到,最后不得不对簿公堂。"这位"任性"的班主任,听后吓出一身冷汗。

生活中,这样的场景很常见。一个小女孩跑到小男孩的妈妈面前告状:"阿姨,哥哥把我的胳膊弄疼了。"看到小女孩告状,小男孩赶紧跑到妈妈跟前:"妈妈,我不是故意的,我错了,我不该用那么大的劲拉妹妹。"妈妈说:"熊孩子,一点儿都不听话!知道不该用那么大劲拉妹妹,还用那么大劲干什么?看我回家不收拾你!"

如果妈妈是说给小女孩听的,小男孩一看,妈妈也就是说说而已,不但妈妈自身形象受损，将来小男孩还可能会肆无忌惮地欺负别人，直至犯下不可挽回的错误。如果妈妈真的回家收拾小男孩，如严厉批评，甚至动手打人，小男孩就可能怀恨在心："都是因为你，我才挨打的！"不和小女孩玩，或者趁大人不在时再故意殴打小女孩都是有可能的。

孩子毕竟是孩子，难免会做错事。当孩子自己也为了此事而愧疚、悔恨之时，就意味着他已经认识到自己的行为带来的后果了，已经很内疚了。如果此时还是不依不饶地训斥，会让孩子产生"道歉无用"的错觉，"反正不管怎样你都要批评我，那以后我就不认错了，随你的便吧"。此时，要做的是引导他找到解决问题的办法，让孩子吃一堑，长一智。

所以，在孩子承认错误以后，就不应该再责备孩子了。如果能适当地赞扬其知错能改的品质，不仅会消除孩子的内疚感，还会让孩子感受到父母的善解人意，从而变得更加积极和乐观。

3. 暮夜不责

这样的场景也很常见。孩子完成作业之后，文具摆了一桌子，妈妈看见以后很不高兴："说了多少次了，文具要放回原处，不能随便乱扔。你为什么总是犯这样的错误？把文具收拾好，不然今天就别睡觉了！"

晚上睡觉前不要责备孩子，因为害怕、紧张、兴奋都会导致失眠。睡前责备孩子，孩子带着沮丧失落的情绪上床，会让孩子的心理处于压抑和紧张状态，从而严重影响睡眠质量。晚上遭到训斥的孩子，在入睡后很容易哭泣、说梦话，也正是这个原因。孩子心里难受，睡前难免辗转反侧，入睡之后，只怕当晚的梦里，也会被这种情绪占据。第二天的事情，也就很难做好了。睡眠不好或者不足，都会影响孩子的体力与脑力的恢复，甚至影响其生长发育。

所以，如果孩子晚上犯错误，父母不妨严肃而不严厉地制止。第二天再让孩子好好认错。

4. 饮食不责

饭桌上，孩子们的任务是好好吃饭、享受美食，而不是反思、"面碗思过"。很多家长不明白这一点，结果把吃饭开成了批评会。

看到孩子一边吃饭，一边看手机。妈妈说了："不要看手机，好好吃饭！"爸爸也开口了："不好好吃饭，就滚一边去。"这让孩子很不开心。

如果孩子考试成绩不理想，很多家长都会趁吃饭时责备孩子，因为平常没有机会，不是自己在上班，就是孩子在上学。孩子刚端起碗，妈妈就又开始唠叨了："这次考试又没有考及格，怎么回事？就不能再细心点儿吗？你爸爸和我累死累活，就希望你能长大有点儿出息。你怎么就这么不让人省心呢？！"孩子边吃饭，边听唠叨。他吃下去的还是有营养的饭菜吗？不是！是你的批评、唠叨和责备！这样对他的身体有好处吗？

不少孩子在吃饭时挨过父母批评。殊不知，人的身心是相通的，家长的指责不仅会影响他的食欲，而且会影响他的消化功能，导致脾胃虚弱。而且边吃边哭容易将食物误吸入气管里，引起呛咳。长此以往，会影响孩子的健康成长。此外，还会让孩子觉得和父母吃饭是一件痛苦的事情，造成心理压力，加深隔阂。所以，教育孩子千万别赶在饭点。

5. 欢庆不责

一个孩子加入了中国共产主义青年团，回到家很开心地告诉妈妈："妈，我今天当上共青团员了。我们班就几个人加入，我太高兴了！"

妈妈开口就说："就你这还共青团员呢！你这是在哪里弄的一身泥？看你身上脏的，就你脏成这样还能当共青团员？"

能不能当共青团员是看政治信仰和平时表现，衣服脏可能有多种原因，或许他是回家路上助人为乐弄脏的呢？能因此而不问青红皂白地否定孩子吗？

如果孩子高兴时忽然被责备，对孩子的情绪伤害很大。成年人在兴奋状态时被人打击，也会有种一落千丈的感觉。孩子也一样，在特别高兴，开心不已、欢天喜地的时候，父母突然严厉地责备，不但会使孩子的情绪产生巨大波动，也会让孩子认为你扫了他的兴。愤怒之火不会让他认识到自己的错误，反而只注重当下的不满，起不到任何正面作用。

所以，在孩子取得成绩正高兴时，父母不要吝啬自己的表扬。即使孩子在此时做出了错误举动，只要不是原则性问题，就先不要扫他的兴。此时不妨先轻描淡写地提醒一下，后面再找合适的时机跟孩子好好谈谈。

6. 悲忧不责

记得上小学时，老师教我们学习写钢笔字。一不小心，钢笔就会掉在地上，笔尖就摔歪了。那时候家庭都不富裕，买一支钢笔还不容易，所以摔坏了很心疼。

同桌的钢笔又摔坏了，他哭着跑回家。"妈妈，我的钢笔尖又摔坏了，我写不成作业了。"他妈妈一听就急了："你还知道哭，刚给你买的，这么快就让你摔坏了，你怎么这么没用！"

面对孩子的哭泣，很多父母会显得无所适从，不自觉地会发脾气责骂孩子。

但心理学研究显示，哭泣是孩子愈合感情创伤的必要过程。此时，他的注意力完全集中于自己的感受，对周围事物以及告诫、劝解全不在意。也就是说，此时责备孩子，并不会取得好的效果，反而会让孩子觉得"一波未平一波又起"，从而陷入情绪低谷，变得自卑。

情绪当道，理智寸步难行。事实上，当孩子哭的时候，他是不会听你在说什么的。你越说，他越会不安；他越不安，你就会越烦躁。恶性循环，无效沟通，何不等彼此静心时，再去说事？

人们经常说：你哭吧，哭出来就好受了。这句话不仅大人适用，孩子也一样。最好的办法就是在孩子哭泣时，把肩膀借给孩子，有什么话，等孩子哭完了再说。

7. 疾病不责

这是一对母子的对话，大家看看是否听过类似的对话。

> 儿子："妈，药太苦了，我吃不下。"
> 妈妈："男子汉大丈夫，都十几岁的人了，这点苦都受不了，还能干什么？没出息，我都替你觉得丢脸。"

生病时，人的心理比较脆弱，孩子更是如此。相对于批评和责骂（哪怕是出于疼爱），孩子在此时更希望得到父母的关爱和温暖，这比任何药物都有疗效。批评和责骂只会让病中的孩子感觉到无助和悲伤，严重了甚至影响孩子的身体康复。

当然，有的家长可能会认为这是孩子的手段，但请你想一下，一个孩子为什么要通过生病的方式来博取父母的关爱？

不妨转换一下思路，让孩子意识到疾病并不可怕，要做一个勇敢和坚强的孩子。让孩子意识到只有吃药打针，才能好得更快；只有身体好了，才能与朋友高兴地玩耍。这样一来，既磨炼了孩子的意志，父母又乐得轻松，何乐而不为呢？

三、方法粗暴

有的家长认为孩子是自己的，爱怎么骂就怎么骂，想怎么打就怎么打。如果心情好了，对孩子就格外关心。如果心情不好，对孩子就不理不睬，甚至拿孩子当出气筒、替罪羊。孩子犯了一点小错，家长往往不是心平气和地进行教育，告诉他错在哪儿，以后遇到类似的事情该怎么办，而是不分青红皂白，对孩子斥责打骂，甚至体罚孩子。事后，孩子既不知道错在哪里，又不知道如

第六章 家校互动

何正确做事,当然更谈不上吸取教训了。

这种简单粗暴的教育方法,只会让孩子口服心不服,让孩子整日生活在惊惶不安之中,个性也受到压抑,身心遭受严重摧残。即便指出了孩子的错误,这种方式不但会导致家长威信丧失,而且会严重影响亲子关系,以致孩子与家长对立。

儿子读高二时,一次我去参加他的家长会。我坐在儿子的座位上,由于人还没有到齐,家长会还没有开始。儿子从教室外面进来,走到我面前,当着众多家长的面,先给我一个大大的拥抱,然后说:"爸爸,我还要接着训练,你们开会吧,我先走了。"

家长会结束以后,一位家长非常羡慕地问我:"你儿子和你的关系怎么那么好啊?"我说:"是啊!你和你家孩子关系怎么样?"他说:"不好!原来关系还可以,因为他不好好学习,我打了他一顿,现在他不理我了。无论我说什么,他都跟我对着干。"

"这么大了,孩子都有自己的想法了,你怎么还用打的方式教育孩子啊!"

"是啊!现在后悔也晚了!"这位爸爸一脸苦笑。

有的家长说:"不打不成器。"如果打能解决问题的话,就没有不听话的孩子了。《中华人民共和国未成年人保护法》第二十七条规定:"学校、幼儿园的教职员工应当尊重未成年人人格尊严,不得对未成年人实施体罚、变相体罚或者其他侮辱人格尊严的行为。"由此可见,暴力殴打、体罚或者变相体罚都是法律红线,触碰不得。

"良言一句三冬暖,恶语伤人六月寒。"家长在教育孩子的时候要讲究语言艺术,特别是当孩子犯错的时候,千万不要简单粗暴地批评孩子或者打骂孩子。否则,只会让孩子离你的期望值越来越远。

期末考试成绩公布之后,一位班主任接到班上学生"冬草"爸爸的电话。"老师,冬草到现在还没有回到家。她在不在学校?"放学已经三个小时了,这孩子还没有到家,会去哪里呢?班主任赶紧发动学生到处找,看她是不是到同学家玩了,结果都说没有见到。爸爸妈妈也发动亲戚朋友到处找,后来在小区的花坛后面找到了"冬草"。一问才知道,因为这次期末考试成绩全班倒数第一,她非常害怕,就不敢回家。

通过与"冬草"交流以及家访印证,"冬草"之所以出现这种现象,与她家长粗暴的教育方式不无关系。"冬草"的学习成绩一直都不好,妈妈很着急。每次看完"冬草"的试卷,她妈妈都发现同样一个问题——粗心,于是斥责女儿:"你是怎么搞的,怎么这么不小心?!和你说过多少回?就是不长记性!"面对妈妈的训斥,"冬草"低着头,也不辩解。

批评之后,妈妈以为会有所改变,可是接下来的考试,成绩反而更差了。发现试卷中除了因粗心大意而犯的错误之外,还有不会做的题目,就直接空在那里。妈妈很生气:"像这么简单的题你都不会做,你是干什么吃的!"看到女儿还是不说话,妈妈实在生气,就动手打了她几下。

从此之后,当"冬草"犯错时,妈妈除了批评之外,时不时还会动手打她。有时候妈妈打累了,还会说爸爸:"你的闺女你也不管管!"于是,"男女混合双打"就开始了。这一次,就是因为考试成绩不好,害怕爸爸妈妈再打她,不敢回家。

了解到这些情况之后,这位班主任与"冬草"的爸爸妈妈进行了一次长谈,帮助他们认清粗暴的家庭教育方式的危害,给他们推荐书籍,了解孩子的心理,希望他们能够用智慧对待孩子身上出现的各种问题。后来发现,"冬草"的脸上笑容越来越多,学习也越来越主动了。再后来,发现这个孩子的网名从"冬草"也改成了"乐",头像也换成一个很有喜感的卡通人物。

心理学认为,孩子重要的学习方式之一就是模仿。如果家长一直采用简单粗暴的方式处理问题,不但容易造成孩子的人格扭曲,更容易导致孩子以后遇事也通过极端方法来处理。

习近平总书记在会见第一届全国文明家庭代表时提出:"希望大家注重家风。家风是社会风气的重要组成部分。家庭不只是人们身体的住处,更是人们心灵的归宿。家风好,就能家道兴盛、和顺美满;家风差,难免殃及子孙、贻害社会,正所谓'积善之家,必有余庆;积不善之家,必有余殃'。"[一] 孩子不仅是家庭的重要成员,更是国家和社会的希望。家长家庭教育方式的不同,可能直接导致孩子命运的不同。通过科学的家庭教育方式来"春风化雨",其效果远比"狂风骤雨"要好得多。

四、包办一切

一幅漫画很形象地展示了"包办一切"的家长形象。为了让孩子拿到文凭,家长像一头奶牛,从小就开始供孩子上学,一直供到20多岁,自己瘦骨嶙峋,孩子却高高壮壮。然后还要问:"孩子,够不够吃啊?"如果仅仅是供给孩子拿文凭也好说,但中国式家长的包办可不止这些,其中最典型的就要数"全方

[一] 习近平. 在会见第一届全国文明家庭代表时的讲话[EB/OL].(2016-12-12)[2022-08-05]. http://politics.people.com.cn/n1/2016/1216/c1001-28953413.html.

位代劳"和"无条件满足"了。

1. 全方位代劳

什么是全方位代劳呢？先来看两则故事。

第一个故事：被幼儿园劝退的小朋友。一个3岁的小男孩上了幼儿园小班，老师发现他不会用勺子吃饭、不会自己脱穿衣服，更尴尬的是，他连上厕所都不会，稍不注意就会出问题。一旦出现这种情况，就要给他家长打电话让送裤子，照顾他一个人就需要很长时间。这样一来，其他几十个孩子就顾不上了。幼儿园不胜其烦，就请家长把孩子给领回去了。

后来，家长给孩子又换了一家幼儿园。孩子还是没有基本的自理能力，幼儿园通知家长把孩子领回去。这时候妈妈不干了："你们幼儿园不就是照顾孩子的吗？为什么不要我的孩子，这不是歧视吗？如果不收我的孩子，我就去教育局告你们！"

园长给她解释："人家的孩子都具有这个年龄段的孩子该有的基本的生活自理能力，你的孩子没有。我们老师少，顾不过来。等你的孩子具备基本的生活能力了再送过来吧。"

"那我们加钱行不行？"妈妈一听急了。

"加钱也不行，我们幼儿园老师不是保姆。"园长直接拒绝了她。

这时候妈妈才如梦方醒。不让儿子动手，凡事都自己替儿子做，反而害了儿子。

第二个故事：被大学劝退的"神童"。媒体报道，被誉为"神童"的魏某13岁考上重点大学，17岁考上硕博连读研究生。3年后，却因为吃饭穿衣需要教授提醒而被劝退回家。

魏某的妈妈认为，孩子只有专心读书，将来才会有出息。于是，就将家中所有的家务活都包下了，包括给儿子洗衣服、端饭、洗澡、洗脸。为了让儿子在吃饭的时候不耽误看书，魏某读高中的时候，妈妈还亲自给他喂饭。后来读大学时，妈妈也一直跟在儿子的身边"陪读"，照顾儿子的饮食起居……

如今，魏某已经过上了正常人的生活，娶妻生子、融入社会、全面发展，神童光环虽已褪去，却也终于收获了他该有的幸福。

被幼儿园劝退的小朋友的经历和被大学劝退的"神童"的前半段经历只是一个极端的个案。但是，现在不少学生自理能力差、不会做家务，确是事实。为什么会出现这种情况？主要原因在于有太多的保姆式家长存在。

很多家长为孩子代劳太多，即便是孩子已经到了可以掌握基本技能的年龄，家长还是从心里认为"他做不到",不是担心孩子会出意外,就是怕孩子受苦受累。所以,小到洗脸、刷牙、穿衣服,大到上学、写作业、做家务,恨不得全替孩子做了。这样做的直接后果就是,孩子在失去亲身体验机会的同时,也丧失了基本的生活自理能力。

事实上,家长每为孩子代劳一件事,就等于减少了一点孩子将来在这个社会中的竞争力。父母应该遵循孩子的成长规律,从小事做起,逐步培养孩子适应社会的能力。在刚开始学习自己动手做事情的时候,由于没有经验,往往需要时间长,效果也不好。很多心急的爸爸妈妈宁愿自己动手快速搞定,也不愿意等待。父母要清楚,自己只能在孩子遇到解决不了的困难时,才可以给他提供必要的帮助,但绝不是包办和替代。

我儿子在上幼儿园期间,经常是他自己起床穿好衣服,然后站在我们床前,用小手推着妈妈:"妈妈,起床了,该上幼儿园了。"后来,我和他妈妈说笑:"这究竟是儿子上幼儿园,还是你上幼儿园?"

小学期间儿子曾几次参加夏令营。一年级时第一次行李就是他自己收拾的。按照夏令营的要求,儿子和妈妈两个人商量着列出清单,然后儿子自己把需要的东西放入背包。妈妈问儿子:"收拾好没有?没忘东西吧!"儿子说:"收拾好了,没有忘。"既然儿子说收拾好了,妈妈也没替他再检查一遍。等儿子走了,妈妈发现毛巾忘记带了。

一出去就是一星期,夏令营结束时我和他妈妈两个人去接他。娘俩见面抱在一起,妈妈哭,儿子也哭。我的眼睛也湿润起来,毕竟好久没见儿子了。但看到儿子很健康、很快乐,我们又很高兴。后来,我们问儿子:"走的时候忘记什么东西没有?"儿子笑着说:"忘记带毛巾了,反正是夏天,洗脸都是自然干。"

二年级时再去夏令营,儿子的包裹就整理得非常好,需要的东西都带了。放手之后,发现儿子的自理能力也越来越强。

2. 无条件满足

我们有时会听到如下要求:

"妈妈,我同桌今天买了一双新的运动鞋,可漂亮啦!我也想要一双。"

"妈妈,我同学又买了一个新手机,我的手机旧了,也给我买一个新的手机吧!"

面对这样的请求,我们大多数时候听到的回答都是:

第六章 家校互动

"好！只要你好好学习，妈妈给你买！"

"好！人家有的咱也要有，怎么能让我闺女在同学面前没有面子？放心吧，妈妈给你买。"

的确，现在生活条件好了，家里孩子又不多，所以不管孩子提出什么要求，父母都会尽可能地满足。如果没有满足孩子的要求，很多家长就会觉得对不住孩子，感觉委屈了孩子。

现在的孩子都非常聪明，对父母的这种心理活动把握得很准。于是，随着年龄的增长，从玩具、书包到名牌服装、电子产品，要求也是越来越高。但凡父母稍一犹豫，有的孩子就会撒泼耍赖，哭闹不已，有的甚至以绝食相威胁。这时候，家长往往就会妥协。孩子还会察言观色，如果妈妈态度坚决，就找爸爸；如果爸爸妈妈态度都坚决，那就找爷爷、奶奶、姥姥、姥爷，不达目的誓不罢休。

事实上，这样无条件地满足孩子的需求，对孩子的成长十分不利。长此以往，孩子会不自觉地养成以自我为中心的意识，凡事只考虑自己，不考虑别人。在父母面前，问题可能还不明显。一旦离开父母，与同学、朋友交往，这种以自我为中心的为人处世方式，很容易引发矛盾冲突。

所以，让孩子明白父母工作的辛苦和挣钱养家的不易，十分必要。即便是合理的要求，也不要立即答应，可以换种方式，让孩子通过自己的努力为家庭建设做贡献来换取物质奖励。但如果是不合理的要求，就要学会坚决拒绝。

儿子5岁那年因为吃糖太多，出现龋齿。我带他去儿童医院做治疗，结束以后，他看到医院里有卖玩具的，非要买一个。"上一次来看病的时候，爸爸已经给你买了一个。不能每次都要啊？这样吧，如果你表现好，等治疗全部结束以后，爸爸就再给买一个。"看到我没有马上同意，他就哭，不上车。我说："你上车不上，不上的话，爸爸走了啊！"他还是不上车。

我骑上电动自行车就走。一看我来真的，他就抓住车的后座边哭边跑。为了能让他跟上，我的车速也不快。我边骑边观察路上车辆，以确保安全。等骑了有100多米，我停了下来，把他抱起来，放到后座上，他没有挣扎，也不哭了。

路上等红灯的时候，儿子主动和我说话："爸爸，还有多远到家啊！"我告诉他："一会就到家啦！妈妈在家等着我们呢！"等到了家里，他有说有笑，开心地玩去了。他妈妈根本没有发现我们在医院还有这样一段小插曲。

后来，再去医院看牙，在等候期间，他也去卖玩具的地方玩，但再也不提买玩具的事了。等治疗全部结束以后，我兑现诺言，给他买了一个新的玩具，以示奖励。

20世纪70年代，美国斯坦福大学附属幼儿园基地内进行了著名的"延迟满足"实验。实验人员准备了好吃的软糖，糖对4岁的孩子来讲，那可是极具诱惑力的。

当每个孩子的面前都放好一个软糖后，实验人员告诉孩子们可以吃糖，但是马上吃掉的话，只能吃一颗软糖；如果等20分钟之后再吃的话，就能幸运地吃到两个糖。毋庸置疑，谁都想吃到两颗糖，那么就看谁的自我控制能力更强了。实验人员通过单面镜进行了观察，发现有些孩子只等了一会儿就不耐烦了，迫不及待地吃掉了软糖；有些孩子很有耐心，他们想出各种办法拖延时间，如闭上眼睛不看糖、头枕双臂、自言自语、唱歌、讲故事等，成功地转移了自己的注意力，顺利地等待了20分钟，这些"延迟者"当然享用到了两颗糖。

等参加实验的孩子到了青少年时期，调查发现，"不等者"在个性方面，更多地展示出孤僻、固执、易受挫、优柔寡断的倾向；"延迟者"较多成为适应性强、具有冒险精神、受人欢迎、自信、独立的少年。在学习能力上，"延迟者"比"不等者"在数学和语文成绩上高出20分。

2018年5月，纽约大学的泰勒瓦特、加州大学的葛瑞格·邓肯和权浩南在美国心理学权威期刊《心理科学》上发表了一篇论文《再论棉花糖实验：对早期的延迟满足和后期成就的联系的概念性复制调查》，其结论是："与声名卓著的棉花糖实验的结果迥异的是，儿童能否在日后取得成功，并不取决于延迟满足的能力，而取决于儿童所处的家庭。"[1]

当然，不管是良好的意志品质（包括延迟满足的能力），还是良好的家庭环境都是孩子健康成长、将来拥有成功人生的关键因素。遇到孩子提出要求时，老师和家长可以试试"延迟满足"，看会不会效果更好。

第二节 班主任如何与家长沟通

教育要想形成合力，班主任和家长就要经常沟通。家长是为了孩子，班主任是为了学生，目的也只有一个，那就是为了孩子（学生）的健康成长。目的的一致性决定了家校之间存在着良好沟通的可能性。然而，很多时候，班主任、家长之间的沟通并不顺畅。究其原因在于，班主任和家长在沟通目的、沟通方

---

[1] 彭璇. 延迟满足能力是预测成功的水晶球？[J]. 上海教育，2019（08）：17-19.

法和沟通原则的认识上存在一定的问题。

一、沟通目的

就沟通目的而言，无论是班主任主动，还是家长主动，在与对方沟通之前，都要想清楚：这一次沟通为了育人、悦人、树人？还是为了毁人、气人、丢人？

1. 育人，还是毁人

我担任学生科副科长时，经历过这样一件事。

"涂老师，出事了！我班一个学生让家长带走，下午没来上课。这可怎么办呢？"说话的是一位年轻的班主任，平时工作认真负责。

"具体什么情况？"我拉来一把椅子，请她坐下。

"我们班一个男生叫小秋，身上小毛病很多。班上的很多同学都不喜欢他，尤其是女同学。有同学向我反映：小秋在上课的时候，趁着老师不注意，摸同桌女同学的脸，并且经常上课玩游戏，被老师点名批评等。我多次找他谈话，他都信誓旦旦，要改掉这些毛病。可是没过几天，老毛病又犯了。"

"今天上午第一节下课后，任课老师到办公室休息。课代表跑过来告诉我，小秋把老师放在讲台上的扩音器摔地上，弄坏了。昨天我刚找他谈过话，今天又捣乱，还把老师的扩音器摔坏了，我十分生气。盛怒之下，我给他家长打电话，要求他家长马上到校。"

"他妈妈来到学校以后，我把事情的经过以及他过去的表现告诉她，最后又加了一句，这个小秋浑身上下都是毛病，而且屡教不改，同学们都很讨厌他！真不知道你们家长平时是怎么教育的！他妈妈听了以后，很气愤，转身就走。我意识到我说话可能有点儿重了，就在后边追赶，想给她道歉。谁知她跑到我班教室，把小秋拉出来，边说边打：'你这个孬种，我的脸都让你丢尽了！读小学时小学老师告状，读初中时初中老师告状，让你来上个中专，你也不好好学。回家！不想上就回家！'"

"我赶紧跑过去拉着他妈妈说：'不能打孩子，你这样教育不行……'谁知他妈妈用力甩掉我的手，拉着小秋的手就往外走。这不，下午也没来学校。我刚才给他妈妈打电话，他妈妈也不接。"

像这样的场景，估计很多班主任都不陌生。故事中的班主任可以说是认真负责，对违纪学生也能积极教育。但为什么会出现这样的效果呢？主要原因在于班主任在家校沟通过程中，没有控制好自己的情绪，更没有在沟通之前认真思考让家长来学校的目的是什么。是为了育人，通过家校合作帮助孩子成长，还是为了让家长把孩子领走呢？

有的班主任肯定会说，那肯定是为了育人。既然是育人，为什么就不能好好想一想，哪些话能说，哪些话不能说？能说的话，应该怎么说？

2. 悦人，还是气人

一位学生家长来学校看我，在聊起如何教育孩子时，竟然脱口而出："我听老师的，让干什么就干什么。"据我所知，这位爸爸在单位是个"一把手"，可以说是一言九鼎式人物。当我把孩子的情况告诉他，并且征求他的意见时，他非常感动。

后来他告诉我："涂老师，您不知道，我这一辈子最怕的就是孩子的班主任。从孩子上学以来，因为学习成绩不好，就没少受孩子班主任的训斥。开家长会，我和她妈妈都不愿意参加，孩子的班主任拿我们当教育孩子的反面典型。因为是孩子的老师，我们虽然生气，但为了孩子，也不能说什么。"

家校沟通是必要的。为了确保沟通效果，沟通之前班主任就必须想清楚，这次沟通的目的，是让家长高高兴兴地配合自己的工作，还是让家长无地自容，颜面尽失呢？

前文中小秋妈妈为什么会当众责打孩子，并且把孩子领走，不让孩子上学？不就是因为班主任说话没有注意方式，让家长感到难堪了吗？

3. 树人，还是丢人

来看微信群里家长和老师的一段对话：

> 家长：老师，请您关注一下孩子上课时有没有听讲，急死人了！现在哪有智商有问题的孩子，只有上课没听讲或是听不懂的孩子。
>
> A老师：你家孩子就属于上课不听讲，课后作业也不认真完成的那种，如果你怀疑老师的能力，可以考虑换班或转学，不能耽误了你家孩子！
>
> B老师：关键您问过孩子吗？管过孩子吗？同一个班上的孩子有的考的接近100分，怎么就你家孩子考这么低？还好意思责问老师，你先问问几个任课老师是如何评价您的孩子学习的！上课不听讲，作业不做或靠抄袭，上学期我在群里提醒多次家长都没有任何反应，还想怎样？怀疑老师，您可以找好学校上！关键这个学习态度，送哪里上都一样！
>
> 家长：作为老师自己也深思一下，一个班五十几个同学，二十几个不及格。您认为您合格？

> B老师：学习上出问题，不多从自己孩子身上找原因，为何同一个班上有孩子考高分近满分，而自己的孩子考那么低？家长负责，孩子认真，孩子学习怎么可能不好？天上会掉馅饼？只看到人家孩子优秀，没看到人家的付出？我合格不合格你说了不算，你没资格！
>
> 家长：你资格大，班上至于这样？

随着微信等即时沟通工具的推广应用，很多班级建了家长微信群，以方便联系。谁能想到，家长原本是想拜托老师关心孩子上课是否注意听讲，却引出两位老师的不满、挖苦、嫌弃，最后老师与家长忍不住在群里互怼，就孩子的状态和老师的教学，双方从探讨问题转变为互相揭短。

微信群属于公众场合，这种情况下的交流应该极其慎重。老师和家长的沟通，假如像上述情况一样发展到"互怼"，乃至人身攻击，是树立了自身的良好形象，还是毁了自身形象？相信大家自有明断。即便是私下沟通，老师依然要考虑，这次交流会给家长留下一个好形象，还是留下一个坏形象。

如果是想留下一个好形象，就要思考什么话该说、什么话不该说，不能逞口舌之快。当然，如果不怕丢人，就可以不管是否符合老师的身份，想说什么就说什么。但我相信没有一个老师是想丢人的，只不过怒气一来，就控制不住自己了。由此看来，战胜自己，努力提高自身综合素质，才是最重要的。

二、沟通方法

目标明确之后，沟通方法就是关键因素。面对孩子身上的问题，该怎么表达才能让家长理解并且配合班主任的工作？面对孩子的成绩，该如何反馈才能让家长正确看待孩子的成长？面对未来，该如何引导才能让家长在帮助孩子健康成长上做出正确选择？

1. 面对问题，多些指导少些指责

小秋的母亲为什么生气？最直接的原因就是班主任的话刺激了她："这个小秋浑身上下都是毛病，而且屡教不改，同学们都很讨厌他！真不知道你们家长平时是怎么教育的！"

从小到大，对于孩子身上存在的诸多问题，这位妈妈是心知肚明。所以她才会说："读小学时小学老师告状，读初中时初中老师告状，让你来上个中专，你也不好好学。"难道这位妈妈不想让自己的孩子好吗？有几个不想让自己孩

子好的家长？她只不过是苦于没有找到方法。所以，这个时候班主任再来指责她"平时是怎么教育的"，在感情上她能接受吗？家长这时候需要的不是指责，而是指导。小秋妈妈拿孩子撒气是轻的，如果她当场和班主任吵起来，又该如何收场？

一位年轻的班主任给我留言："班里总有学生迟到，搞得我是经常挨学生科领导批评。为此，我也没少批评学生、批评家长，但效果并不明显，有些学生还是经常迟到。我究竟该怎么做才能避免学生迟到呢？"

我一直认为，单纯地批评解决不了任何问题，指导家长解决问题才是班主任要做的。我告诉这位处于困惑中的班主任："看得出来，您很用心，想把工作做好。但学生迟到，关键不在于你，而在于家长、在于学生。毕竟您不可能跑到每一个学生的家里去叫他起床上学。我认为，您现在要做的是指导家长解决问题。教会爸爸妈妈做家长比指责更有价值。"

我给她讲了一个故事。在大多数的妈妈天天忙着催促孩子按时起床不迟到、抱怨孩子丢三落四、在家长群里互相沟通孩子的作业，生怕孩子落了哪一样的时候，有一位妈妈却总是显得淡定许多。

许多妈妈向她取经，她总是笑笑说："哪有什么经验，无非是忍得住。"

例如，她也曾经大清早起来，自己眼看着时间来不及，急得跳脚，孩子却仍是不紧不慢地洗脸、吃饭，一副漫不经心、时间与我无关的样子。

被催急了，孩子慢悠悠地吐出一句："我们小孩子啊，做事就是慢吞吞的，你越催，我们就越慢。"弄得她哭笑不得。

为此，她也没少上演"道路飞车"，一边孩子催不得，一边上课时间又不等人，真是辛苦又无奈。

后来，她检讨自己，觉得这样不能从根本上解决问题，便跟孩子谈判。

"以后我们早上7:10出门，你需要自己安排时间，妈妈只会提醒你，不会催你。但是，如果上课迟到，班主任批评你，妈妈不能替你挨批评。"

一开始，小孩子似懂非懂，也没太当回事。依然赖床，依然慢慢地刷牙、洗脸、吃早餐。

这位妈妈在一旁看着，愣是忍着没出声，等到孩子收拾好东西出门时，离上课时间只剩下10分钟。

毫无疑问，孩子上课迟到，挨了班主任的批评。

放学后，孩子满脸委屈，怪妈妈送他晚了，让自己迟到。妈妈把前一天的话，又跟他说了一遍。这次，孩子似乎懂了。抱着闹钟过来，让妈妈帮他调好了起床时间。

第二天,虽然闹钟响后,孩子依旧翻身睡过去了,但是,在妈妈提醒后,孩子似乎想到了前一天挨班主任批评的经历,猛地从床上弹了起来。

从这件事中,孩子开始明白,原来以前上学不迟到,是因为有妈妈帮忙。更重要的,他开始知道,以后这件小事要由自己负责。

这位妈妈的意见是:"当你希望孩子自律,而不是事事由自己去掌舵时,就一定要学会忍。永远做一个陪练而不是比赛的主导者,唯有如此,才能让孩子学会对自己负责。"㊀

故事讲完了,我问这位班主任:"故事中的妈妈是如何让孩子不迟到的?假如您班上的妈妈都这么做,是不是迟到的问题就解决了?把选择权还给孩子,让孩子为自己负责,远比单纯地督促要好得多。"

"明白了!"这位班主任似有所悟。

又过了一段时间,这位班主任高兴地告诉我:"涂老师,谢谢您!问题解决了!现在班上的学生基本上都能做到不迟到了!"

"您是怎么做的呢?"我好奇地问。在和班主任的沟通交流中学习经验,已经成了我的习惯。

"您讲的故事启发了我。我首先从那个最爱迟到的学生入手,我把他妈妈请来,一块算了算时间,列了一个表格。以早上上学为例,学校 7:40 开校门,要求学生 7:50 前必须进校门。从他家到学校,路上需要 20 分钟,那就意味着 7:30 必须从家出发,否则就要迟到了。孩子吃饭假如需要 20 分钟,那么 7:10 他必须坐到餐桌前。妈妈也必须在 7:10 左右把饭做好。如果穿衣服、洗脸、刷牙需要 20 分钟,那就意味着孩子 6:50 必须起床。我给她倒推完时间之后,要求她回家之后也和孩子一起算算时间。

"这位妈妈回家之后,就和孩子一起算时间。然后和孩子约定,谁出问题,班主任就批评谁。第一天,早上 6:50,闹钟响了,孩子又赖一会床才起来。7:10,妈妈做好饭坐在餐桌前:'儿子,妈妈做好饭了,妈妈先吃了。'孩子还是慢悠悠的,直到 7:20 才坐在餐桌前。7:30,妈妈吃完饭下楼去开车,孩子还在吃饭。直到 7:36,孩子才下楼。这时候妈妈已经在楼下等他了。等他坐上车,妈妈扭头告诉他,'现在是 7:36,今天妈妈 7:30 准时下楼的,如果迟到,责任不在妈妈。'

㊀ 若杉,每一个自律的孩子,都有一个"能忍"的妈妈![EB/OL].(2017-09-15)[2018-10-03]. https://mp.weixin.qq.com/s/huBHK010stzbH7tJPX-6W.

"当然，这个孩子第一天上课迟到了。因为他中午在学校午托部，我就没有找他。只是给他妈妈打了电话，问明情况，做到了心中有数。下午放学之后，我把孩子留下来：'今天迟到是怨你还是怨妈妈？'孩子说：'怨我！''好的，既然知道怨你，我就不批评你了。我就问你一句话，明天还会迟到吗？''不会了！'听到孩子做了保证，我就把他送出校门交给家长。

"第二天，妈妈7:10把饭做好，孩子还在收拾。7:15，他才坐到餐桌前。7:30，妈妈下楼，告诉他在楼下等他。他一看妈妈下楼，着急了，赶紧吃了两口：'妈妈，等等我，我也吃好了！'结果第二天没有迟到。后来他妈妈和我说这件事的时候，专门说了一句：'他没有吃饱，要在往常，我该心疼了。这一次，我没有管他。'我也发现这个孩子中午一下课就往午托部跑，原来是饿了。"

"是啊，通过这一次，他就应该明白：选择迟到，就是选择挨批评；选择不吃饭，就是选择挨饿。如果既不想挨批评，又不想挨饿，就得早早起床，不能磨蹭。只有把选择权还给孩子，孩子才会得到真正的成长。"我及时点拨。

"是的。"这位班主任看来非常高兴，"第三天，这个孩子没有迟到，后来也很少迟到。我和他妈妈都松了一口气。看到这个方法可行，我就在家长会上请这位妈妈分享经验。后来，班级就很少有迟到的孩子了。'教会爸爸妈妈当家长'，您说的这句话太经典了！"

孩子迟到，事情虽小，却让很多班主任和家长头疼。班主任教会爸爸妈妈当家长，既是理念，又是方法，闪烁的是教育的智慧。班主任指导家长正确看待孩子身上的问题，并采取正确的方法来教育、引导孩子，远比单纯地指责要好得多。

对于年龄大一点儿、有了自我判断力的孩子，也可以直接指导孩子。我的学生"合川"是个走读生，上课经常迟到。为此，我专门把家长请到学校，听完他家长介绍孩子从小到大的经历，我明白了：这个学生之所以会迟到，完全与家长有关。

这个学生从上小学开始，都是他爸爸叫他起床。哪一次不叫，或者叫晚了，就会迟到。现在他爸爸去外地上班了，顾不上他了。他也上了中专，年龄也不小了，爸爸妈妈就让他定了个闹钟，自己起床。结果他就经常迟到。

"是闹钟没有响吗？"我很好奇地问。

"不是，"学生告诉我，"我定了四个闹钟。"

"定了四个闹钟怎么还会迟到呢？都是定的几点的？"定了四个闹钟，而且都正常工作，还叫不醒人，是不是有点儿不可思议？

"一个6:00，一个6:30，一个7:00，一个7:20。前两个闹钟响的时候，我觉得还早,就再躺一会,第三个闹钟响的时候又睡着了,等第四个闹钟响的时候已经晚了。"他不好意思地讲述了这四个闹钟的工作过程。

"那你定这四个闹钟有什么用?当催眠曲吗?"我笑着说,"第一个闹钟和第四个闹钟依我看就没必要。第一个太早,最后一个又太晚,连早餐时间都不够。我建议你就用 6:30 这个闹钟,如果喊不醒你,就隔 5 分钟再定一个。闹钟一响,马上起床。早到一会儿不行吗?时间安排宽裕一点儿,还会迟到吗?坚持早起 21 天,就养成了一个好习惯。每天早睡早起,连周末也不例外,生物钟一旦形成,我相信你连闹钟都不用。如果养不成按时起床、不迟到的习惯,我看你将来实习都成问题。哪个医院能容忍一个天天上班迟到的学生?"我不紧不慢地帮孩子分析,他爸爸在旁边也频频点头。

"你也老大不小了,再过几年就该娶媳妇当爸爸了,到时候你的儿子上幼儿园、上小学,是不是也打算让你爸爸叫他起床?"我调侃道。

"我自己叫,哪能让老爸叫。"他的脸色一红,十分不好意思地低声说了一句。

看到他态度还算诚恳,也确实想改正错误,在给出了建议之后,我就没有再批评他。后来,我发现他迟到也越来越少了。有时候出现意外情况,就赶紧给我打电话请假。当然,和我的关系也越来越融洽。

2. 面对成绩,多些事实少些世俗

还是这位学习不太好、经常迟到的学生"合川",一次他妈妈给我打电话,我告诉她:"其实,除了学习成绩不太理想、上课迟到之外,这个孩子身上的优点还是挺多的。例如,他有爱心,乐于助人。他是走读生,如果哪个同学生病或者有事,他会主动陪他们去。"

听我说到这里,他妈妈说:"涂老师,孩子长到这么大,您是第一个夸他的老师!不过,我的孩子我了解,他就是挺有爱心的,心肠不错。"从声音里,可以听得出她很开心。

有哪一位妈妈不喜欢老师夸她的孩子?有的班主任说:"涂老师,我也想夸他,关键是我没有发现他身上的优点。"其实,这个世界上不是缺少美,而是缺少发现。用世俗的、功利的眼光看,这个学生成绩差,还经常迟到,确实问题不小。但用全面的、一分为二的观点看问题,这个学生有爱心、乐于助人、难道不值得肯定吗?

一位班主任给我讲了一件他家访的事。阿康的妈妈对孩子要求非常严,平时,在与孩子的交往中,她习惯以"挖苦""打击"的方式进行教育。由于孩子成绩不好,她挂在嘴边的口头禅就是"除了吃,你还会干什么?""养你算是白养了"。

接到班主任的电话通知要去家访时，她第一时间把电话打给儿子："你在学校是不是又犯错了？！整天给我惹事，养你算是白养了！"孩子非常委屈："妈，我是作为班级的优秀学生代表被家访的。"谁知，他妈妈听了根本就不信："就你这水平还优秀？干什么什么不中！"

当班主任来到阿康家里，告诉阿康妈妈，阿康是班级的体育骨干，为人开朗大方，组织能力很强的时候，他妈妈还说："我平时怎么就不觉得他很优秀呢？他连高中都没有考上，这才去上的中专。"在世俗的眼光里，考不上高中就是差生，阿康妈妈也不例外。

有一幅漫画非常耐人寻味，漫画中的主考官说："为了公平起见，你们每位的考试题目都是一样的：爬上那棵树！"考生都有谁呢？猴子、大象、海豹、狼、企鹅和金鱼等。用学习成绩这一把尺子来衡量孩子，估计和漫画中的动物一样，大多数孩子都存在问题。

有的班主任可能会说，一个老师教的，一起学的，一样的卷子，别人能考高分，他为什么就不能考高分？每个生命从孕育到成长的过程，充满着各种差异。有些孩子发育早，有些孩子发育晚。有些孩子擅长逻辑推理，有些孩子擅长动手操作。用统一的几张试卷作为标准来衡量学生，是对学生个体差异性的漠视。期待所有的学生都能在考试的那两天美丽地绽放，是一种完全不切合实际的想法。注重过程性评价，真正以每个孩子的自我发展作为考核标准，这才是对每个孩子健康成长的一种尊重。

3. 面对未来，多些规划少些规劝

面对未来，有的班主任说："我一定要对孩子负责！"您怎么对孩子负责呢？如果孩子不听话怎么办？用强制的方法吗？从态度上来说，对孩子负责值得肯定，但用强制的办法恐怕此路不通。

小秋的班主任也十分负责任，看到因为自己的失误，小秋妈妈不让孩子来上课了，她十分内疚，就再次给小秋妈妈打电话。小秋妈妈接了，班主任连忙道歉："小秋妈妈，今天是我不对，说话有些冲动，我向您道歉！您让孩子来上学吧，算我求您了！"可小秋妈妈却说："您没有什么不对的地方，也不用道歉。是我不会教育孩子，给您添麻烦了！我们不上学了！"没等到班主任说话，小秋妈妈就直接挂断了电话。原想自己道个歉，然后再劝劝，家长就送孩子来上学了。没有想到，家长根本就不给劝的机会。再打电话，小秋妈妈也不接电话了。

我帮这位班主任分析了家长的真实想法:"这是涉及小秋未来的大事,我觉得不让孩子上学,是她妈妈在气头上说的气话,并不是真实的意思表示。"然后提出建议:"您可以去家访一趟。帮助家长分析一下上学和不上学的好处在哪里,问题又在哪里,相信家长会做出正确选择。就这个孩子而言,也可以帮助他分析一下,改正缺点和不足的好处在哪里,不改的话,又会有什么样的后果,我相信孩子也会有改变。"

"涂老师,我知道该怎么做了!"这位班主任恍然大悟。

班主任下午放学之后来到小秋家里,和家长一起坐下来分析其孩子的各方面情况,以及上学或者不上学的好处与坏处。

回来之后,这位班主任给我描述了见面的情况:"我首先肯定小秋劳动积极、身体素质好的优点,给予真诚的肯定和鼓励,然后又委婉地指出不足。家长见我态度那么诚恳,脸色慢慢地变了,有了笑意。接着我问她希望孩子成为什么样的人,退学还能实现这个目标吗?家长不好意思地说:'我当时有些冲动,我知道,如果我这样做,可能会害了孩子。我明天就送孩子去学校。'"

孩子是家长的孩子,孩子的未来无论好坏都与家长的利益密切相关。面对家长的不理智,规劝家长如何做,远不如帮助家长规划一下孩子的未来更有效。规劝是由外向内,是被动的;规划是由内向外,是主动的。面对事关孩子前途和命运的大事,应该多些规划,少些规劝。帮助家长分析一下他所做出的决策对孩子未来的影响,相信家长就会克服冲动,知道自己该如何配合班主任教育孩子了。

三、沟通原则

班里有个女生性格非常内向,学习成绩也比较差,但有时候还能主动找我说说心里话。我总认为,能够主动和家长、班主任说说心里话的孩子,其心理健康一般都没有太大的问题。

在和她的交流中,我了解到这个孩子和她妈妈的关系并不太好,经常抱怨她妈妈。"涂爸,我刚上初中时,因为成绩不好,只要我一回家,我妈就唠叨:'我和你爸累死累活挣钱,吃穿都不少你的,你就不能争点儿气考一个好成绩给我看吗?'类似的话总是挂在嘴边上,让我烦不胜烦。我就想说一句,谁让你累死累活的,我不上了行不行?但我不敢说,因为她身体不好,害怕她生气。我也努力学了,但每一次考试都发挥不好。不知道是因为我笨,还是什么原因,有时候真不想上学了。"

"你妈妈也是好心，想让你取得好成绩。可能是方法不对，我抽空说说她。你呢，我建议放下思想包袱，不要总想这些。学习重在过程，要相信付出就有回报，只管耕耘，莫问收获。"

"好的。"听了我的开导，我发现这个孩子脸上露出了笑容。

很明显，这位妈妈和孩子之间的沟通是存在问题的。这位妈妈的本意是想让孩子好好学习，但沟通之后，孩子反而压力更大了，甚至产生不想上学的念头。正如小秋的班主任，和家长沟通之后，家长不但把孩子打了一顿，而且不想让孩子上学了。沟通的目的原本是为孩子好，最后却适得其反，这样的沟通还不如不沟通。

怎样才能让这个女生的妈妈了解这一点呢？由于学生家在外地，家访不太现实。让家长来，又没有理由，总不能说："你女儿说了你的情况，我觉得你的家庭教育方式有问题，你来学校咱们聊聊吧！"这样不是把女儿给出卖了吗？万一这位妈妈因为我的反馈再批评女儿，那这个孩子以后就不会再和我说心里话了。

说来也巧，我正发愁怎么与家长沟通时，家长的电话就打过来了："涂老师，我想问您一件事，您学校最近是不是让交什么钱了？我闺女打电话说，学校让报什么刮痧班，我有点儿不放心，想问问。"

"学校是在办刮痧班，具体交多少钱，我没有过问。"我笑着说。我总认为，哪怕是在电话中，对方也能感觉到我的笑容。"不过，我想给您提个建议，我觉得您应该相信孩子。如果您今天是想了解孩子在学校的表现，我赞成您！但今天这个电话是为了求证女儿是否在说谎，我个人认为十分不妥。您想过没有？假如我把您打电话这事，告诉您女儿，您女儿会怎么想您？估计非和您吵架不可。"

"涂老师，您不知道，我和他爸为了这个孩子付出得太多了，她还不争气，学习成绩一塌糊涂。我也没少说她，可就是不管用。"我就等她开始责备女儿，她果然就开始了。

"我说一句话，您别不高兴，我觉得孩子之所以成绩不理想，可能就在于您经常责备她。过多的责备除了会给孩子带来巨大的心理压力之外，对学习成绩的提高一点儿好处都没有。我觉得您的孩子挺懂事的，知道您身体不好，不愿意惹您生气，所以学习、表现一直都很努力。假如您的心态放平和一些，多鼓励孩子，说不定效果会更好！"

"好的，谢谢您，涂老师，我会按照您说的去做的！"听得出来，这位妈妈挂电话时心情不错。

放寒假之后，第一学期成绩揭晓，这个孩子成绩并不理想，有两门课不及格。看着女儿闷闷不乐，这位妈妈没有像平时一样批评、责备孩子，而是告诉女儿："既然是考试，成绩就会有好有坏，一次成绩不理想不算什么，只要我们坚持努力，就一定会取得不错的成绩。你离家也远了，爸爸妈妈平时也忙，没能经常去看你，对你关心照顾有点儿少，我们也有责任，爸爸妈妈不怪你！"

平时不怎么和妈妈说话的孩子，听到母亲这样说，竟然抱着妈妈大哭起来。

"涂老师，我发现孩子愿意和我说话了，脸上也有了笑容。在家里帮我干活都哼着小曲，看来我以前真是性子太急了！"这位妈妈专门给我打电话反馈孩子的变化。

后来，我发现孩子发了一条说说："虽然有两门课没有考及格，但我相信自己，我一定行！"同时发了一张她搂着妈妈的照片。在她和妈妈的头上，还各自添上两只可爱的兔子耳朵。看得出来，孩子很开心！第二学期开学之后，我发现这个孩子像变了一个人似的，平时与同学有说有笑的，还找到学习委员，要求担任课代表。原来这位妈妈费那么多口舌，结果却是与孩子的心灵渐行渐远。而现在，短短几句话，却让女儿放下了思想包袱。

从某种意义上说，做事情结果导向是必要的，沟通尤其如此。无论是班主任与家长沟通，家长与孩子沟通，还是班主任与学生沟通，都应该把握一条最基本的原则：可以无效，不能负效！如果自己的做法没有达到预期效果，就要重新思考自己的沟通方式是否恰当。

第三节 家长如何与孩子沟通

孩子的健康成长离不开家长的精心呵护。现代生活的快节奏和高压力，导致家长和孩子在一起的时间非常少。尤其是外出工作的家长，与孩子更是聚少离多。在这种情况下，如何与孩子顺畅沟通，是很多家长都感到困惑的一件事。我的体会是，不管家长平时多忙，都要注意问孩子三句话。这样就可以随时了解孩子的心理健康状况，从而帮助孩子健康成长。如果打电话不方便，可以建个微信群或者QQ群，增加与孩子互动的机会。

一、第一句话：在学校有什么开心的事

为什么要问孩子这个问题？问这个问题就是为了分享孩子成长中的快乐。

一般来说，开心、得意的事愿意与他人分享，因为在分享中可以获得一种成就感，这也是最容易和孩子沟通并且增进感情的时刻。

一位爸爸是这样做的。从幼儿园开始，只要儿子一回来，他和孩子妈妈就要抽出时间来主动和孩子聊天："儿子，在幼儿园有什么开心的事吗？快和爸爸说说。"儿子有时候会说："爸爸，都很平常，也没有什么开心事，就那样。"

听了儿子这么说，爸爸也不着急，下次还问。后来，他发现，如果儿子真有什么开心事，他会不加掩饰、兴高采烈地说出来。

上小学时，一次儿子放学回到家，爸爸正在厨房准备晚餐。还没等爸爸问，儿子就非常高兴地讲起发生在学校的趣事："爸爸，还有一件事，我先不和你说，等妈妈回来，我给你们一块儿说。"

上初二时，儿子当了生物课代表，可高兴了！"爸爸，我当上生物课代表啦！"在有的家长看来，当个生物课代表有什么可高兴的？班长、副班长、学习委员等职位多着呢！哪一个不比生物课代表高？话虽然是这么说，但爸爸知道，对儿子来说，这已经是很不容易了。

儿子所在的班是一个初中重点学校的重点班，学霸如云，想考到前几名谈何容易？在成绩为王的学段，儿子在班级的成绩排名，最好的一次是第 11 名，最差的一次是第 24 名。所以班长、学习委员等职务都与他无关。由于生物课是新开的，老师在班里问："谁愿意当生物课代表啊？"儿子就毛遂自荐，当上了生物课代表。

"啊！太棒了！那可得好好干，不能让老师失望！"爸爸很开心，表情也很夸张。看到爸爸很高兴，儿子就开始讲生物课代表的职责等，如数家珍。妈妈回来之后，也给儿子建议："儿子，既然是生物课代表，生物咱就得学好，不然怎么能对得起生物课代表这个职务呢？"

后来，儿子就喜欢上了生物课，生物成绩在班里也一直是名列前茅。一直到高中，生物都是优势学科。在高考志愿填报问题上，有一段时间还想选生物作为专业方向。

假如当初他告诉爸爸，自己当上了生物课代表，爸爸来一句"一个课代表有什么可高兴的，你可真有出息！你怎么不当个班长、学习委员什么的？"估计一句话，就把孩子的热情之火给浇灭了。

当生物课代表锻炼了儿子的能力，培养了他的责任心。一次，他回到家给爸爸讲了一件事。生物老师留了作业，要求独立完成，不许商量，然后老师有事就回办公室了。班里一共两个生物课代表，正好轮到他值日。他发现有几个同学交头接耳，就提醒他们遵守课堂纪律。这几个学生根本不把儿子说的话当回事，于是儿子就按照规定把这几个违反课堂纪律的学生的名字记下来上报了。

下课以后，和他关系不错的同学提醒他："这几个可是刺头，这回你可摊上事了。"当儿子回家讲起这件事时，爸爸也很担心："后来他们几个找你的事没有？"

儿子说："没有。不但没有，再上生物课，只要该我值日，他们就都很遵守纪律。因为他们知道我是来真的，说到做到。"当儿子讲这话时，很自豪。现代社会，能坚持原则是一种多么可贵的品质！

"儿子，你知道为什么这几个人没有找你的事吗？因为你行得正，站得直。你的背后站着班主任、站着政教处，他们不敢找你的事。"

"找事，肯定得处分他们。"

"是啊！他们也知道自己做得不对，所以才不会找你的事。后来能够遵守纪律，说明他们也都进步了。"

生物课代表这一段宝贵的经历，为儿子后来高中当纪律委员、当班长打下了良好的基础。

当孩子告诉我们一件高兴的事时，哪怕在我们大人眼里是非常微不足道的，都不要扫他的兴。因为没有人一下子就能做成大事，学会欣赏、学会鼓励，孩子的成长就会超越我们家长的预期。在这方面，我们很多家长做得并不够好。一是借口忙，平时根本不关心孩子是否快乐；二是当孩子主动分享时，还是以忙为借口来敷衍孩子。

很多家长埋怨："这孩子什么也不和我说。"在您埋怨的时候，请您反思，当孩子想说的时候，您听了吗？等他养成了有什么事埋在心里也不愿意和家长说的习惯时，即便您再想知道也晚了。

二、第二句话：在学校有什么不开心的事？

"在学校有什么不开心的事？"对这个问题的回答，可以看出孩子看问题的角度。一般来说，开心的事需要分享，不开心的事更需要找人倾诉。不开心的事说出来，比憋在心里更有利于身心健康。

我认为，孩子不开心的事主要取决于三个方面：一是学习成绩，二是同学关系，三是师生关系。

1. 学习成绩

永远不要因为孩子学习成绩不好而批评他。为什么呢？因为他也想成绩好。

学习成绩不好，本来就已经很痛苦了，家长再批评他，不是雪上加霜吗？

孩子成绩不理想，不要批评，问他四句话，学习成绩就有提高的机会。

(1) 方法是否正确　孩子考试成绩不理想，要问的第一句话是："你的学习方法是否正确？"

很多孩子学习成绩提高不了，与学习方法有关系。尤其是一些在小学学习成绩很好的孩子，到了初中成绩下降了。有的孩子是因为贪玩，有的孩子是因为方法不当。知识结构、思维方式变化了，学习方法没有随之改变，成绩自然上不去。一些在初中学习成绩好的孩子，到了高中成绩下滑了，很多也是方法问题。

有的家长可能会说："孩子学习方法不正确怎么办？我们家长又辅导不了他。"孩子上学到了一定阶段，家长就很难辅导了。哪怕你是当年的学霸，想辅导孩子恐怕也不是一件容易的事。怎么办呢？让孩子请教老师。

或许任课老师水平有限，孩子不信任。学校其他同头课老师呢？是不是可以帮到孩子？建议让孩子胆子大一些，自己去请教。孟子说，"君子有三乐"，其中一个就是"得天下英才而教育之"。要相信老师，看到爱学的孩子，老师会非常乐意帮助他的。

一个朋友的孩子成绩总难提升。后来家长让孩子提前把自己学习中的困惑告诉老师，老师就有侧重地对他进行辅导。结果周测的成绩就提高了。

老师告诉孩子，一般情况下，升学考试卷子每一题考查什么知识点，都是明确的。只要这个知识点会了，成绩就会有保障。考试中，有些题目你看都不用看，因为有些题目本来就是用来放弃的，只要拿住自己该拿的分，成绩就不会太差。听了他的分析，这个孩子给自己定了个恰当的目标，然后各科分解定分数，学习非常主动。每天都知道自己该干什么，可谓信心满满。后来，这个孩子报名参加对口升学，并顺利地考上本科。

(2) 心态是否平和　方法问题解决之后，如果成绩还不理想，那就要接着问孩子第二句："你的心态怎么样？"

学习的时候心态十分重要。心态好了，在学习过程中就不会顾此失彼。就不会正学着语文，心里着急，我这数学题还没有掌握呢，要赶紧学数学；学着数学又想着英语，结果是顾此失彼。

考试仅仅是对前段学习情况的检测。这一次考试成绩不理想，说明检测到的知识没有掌握。没有掌握怎么办？努力学习，掌握了不就行了吗？考试就是和熟悉的题目约会。

考试成绩不理想，不能影响心情。孩子的心情如何，很大程度上取决于父母的态度。所以说，平和的心态首先是说父母的。看到孩子这一次成绩不理想，不但不能批评，还要安慰："这一次没考好不要紧，咱又不是没考好过。""这一次没进前三名不要紧，咱又不是没进去过。"家长这么一说，孩子自然就会放松心情，全身心地投入新一轮的学习中。当然，上一次考试失利的影响也就烟消云散了。

（3）**努力是否持续**　成绩不理想，如果方法没问题，心态也可以，那就要紧接着问第三句话："是否做到了持续努力？"

学习成绩的提高不是一蹴而就的。每个人学习基础不一样，悟性也不一样，即便方法正确、心态平和，要想一下子追上别人也不是一件容易的事情。毕竟，你在努力，别人也没有闲着。你只有比别人更努力，而且是持续努力，才有可能实现目标。

高中二年级时文理分科，我进了文科班。第一学期期中考试我的成绩就很不理想，全班70多个人，我排到了50多名。为了把成绩赶上去，我每天早上5点前起床到教室学习，学到6点多，然后正常上早操、上早自习。早自习下课后，别的同学去吃饭，我继续学习。等大家都吃得差不多了，我再去，目的就是想避开就餐高峰。早饭、午饭及晚饭后，我就趴在桌子上睡会，补补觉。晚自习后到操场锻炼身体。锻炼之后，继续学习到23:30。

刻苦的学习让我高二第一学期期末考试总分提高了100多分。然而，我在班里的名次基本上没怎么变化。毕竟，我在努力，别人也在努力。但是成绩能提高100分，说明方法没有问题。我也知道自己的短板在哪里，所以对于名次我倒不怎么在乎。我相信，只要我持续努力，成绩一定会上去。

功夫不负有心人，高二第二学期期中考试，我考了班级第三名。从此以后，成绩基本上稳定在前三名。

（4）**身体是否健康**　如果前三句话回答都是肯定的，接下来还要问第四句话："你的身体是否健康？"

学习拼到最后，拼的就是身体素质。假如身体素质不好，同样强度的学习，你有可能撑不住。一旦生病，学习不就受影响了吗？学习成绩的提高也就成了一句空话。

高强度的学习，没有强壮的身体做保证，如何能坚持下来？

总之，学习成绩要想搞上去，就要做到：正确的方法，平和的心态，持续的努力，健康的身体。能记住这四句话并做到，相信所有的孩子都可以取得不错的成绩。

2. 同学关系

同学关系处理不好，也经常导致孩子不开心。这又可以分为两种情况：第一种是闹矛盾，如两个同学之间因为小事发生口角，甚至是打架，往往表现为偶发事件；第二种是受欺凌，如一个或多个同学通过肢体、语言及网络等手段欺负、侮辱孩子，往往表现为单次或多次、蓄意或恶意。面对这两种情况，家长的处理方式应该有所区别。

（1）闹矛盾 孩子之间闹矛盾是常见现象。因为矛盾本身就是无时不有，无处不在的。再加上孩子们心智尚不成熟，不会妥善处理人际关系，所以不开心也是正常的。在这种情况下，家长的正确疏导对孩子来说就极为重要。

一天，儿子回到家，细心的爸爸发现他有点儿闷闷不乐。一问，原来是同桌想借他的红色水笔用，他没有借，两个人吵了一架。

儿子说："爸爸，我本来想借给他的。但一想到上一次我向他借红色水笔，他没有借给我，我就有点儿生气。'借'还是'不借'，我心里犹豫了半天，最后决定借他。可是不知道怎么啦，嘴里说出来的还是'不借'。他就有点儿生气：'不借就不借。小气鬼！'他这么说我当然不开心了，就回了一句：'还说我小气，你才小气呢！我上一次借你的，你怎么不借给我？这一次你想起来借我的了？有也不借给你！'他说：'我上次和你说了，我的红色水笔忘到家里了！真没想到这么长时间你还记着呢，真没意思！'就这样，我们吵了一架，就谁都不理谁了。"

儿子和同桌平时关系挺好的，看到儿子难受的样子，听了儿子的描述，爸爸心中有数了。

"儿子，你说说，上一次你同桌有没有可能是真忘带了呢？"

"我没注意，好像那天上午没看见他用。"儿子想了想说。

"如果是人家真忘带了，你让人家拿什么借给你？你这气生的，是不是有点儿不应该？还记得爸爸给你讲的吗？"

"记得，遇事要把人往好处想。"儿子小声说。

"对啊！怎么忘了呢？！再说，就算人家真有，不借给你，你就斤斤计较吗？做人应该大度一些，就是他小气，咱们也不能小气。为什么说宰相肚里能撑船，就是因为宰相看的都是大事，不会计较这些小事。就今天这件事来说，究竟怨谁呢？"爸爸笑着看着儿子，等待他的回答。

"爸爸，我觉得怨我。"儿子不好意思地说。

"你能这样想，爸爸很高兴！现在你知道自己该怎么做了吧？"

"知道。"

第二天放学回来，儿子高高兴兴地说："爸爸，我给同桌认错了，他原谅了我，我们和好了！"

这样的生活场景很多家长都能遇到，但是未必都能像这位爸爸处理得那样圆满。遇到孩子和同学发生矛盾的情况，有的家长无条件地支持孩子，这样做的后果只会让孩子丧失判断是非的能力。

我认为，在孩子与同学发生矛盾的问题上，家长应该只做事实判断，不做价值判断。对就是对，错就是错。既不能因为是自己的孩子就袒护，也不能因为对方势力大就妥协。引导孩子正确看待问题，培养阳光心态，注意把人往好处想，对孩子的成长非常重要。

哪怕孩子受了点儿小伤，只要是突发事件，不是蓄意为之，也不要大动干戈。找到学校大闹一场，虽然可能会获得一点点经济赔偿，但可能因而缩小了孩子的格局，对孩子的未来产生不利影响。

（2）受欺凌 目前，孩子因受欺凌而引起的不开心事件偶有发生，一旦处理不当，就会对其心理健康造成严重影响，甚至会埋下恶性事件的种子。

孩子被欺凌时是非常孤立无助的。当他们说出来时，一定是已经到了单靠自己的力量无法解决的地步。如果问题还是得不到解决或者是被草草处理，就会使其心理承受更大的压力。如果信任的人也不能帮助他，他就会用自己的方式解决问题。

因此，面对孩子因为受欺凌而引起的不开心，家长既不能上纲上线、无限扩大，也不能掉以轻心、听之任之。该向老师反映，就向老师反映。如果学校重视不够，就要在确保孩子人身安全的同时，及时向教育主管部门反映。如果涉嫌暴力或侮辱事件，还要及时报警。不到万不得已，建议不要通过媒体或者自媒体向不特定公众扩散。

向外扩散是一把双刃剑，既可以造成一定的社会影响，引起学校、政府、社会的重视，有利于解决问题；又可能对孩子的心理健康和未来生活造成不利影响，毕竟孩子还要回归生活。冷静判断、睿智处理，帮助孩子解决问题，尽快恢复正常的学习、生活，对老师和家长来说，既是责任，更是义务。

3. 师生关系

师生关系不好是很多孩子不开心的重要原因。在孩子眼里，有些老师很"偏心"，喜欢别的孩子而不喜欢自己，所以很不开心。

这样的事情很常见。孩子数学成绩急剧下滑，一问，说是不喜欢数学老师。

他为什么不喜欢数学老师？可能是因为某件事处理不当，老师批评了他；也可能是因为一次课堂提问他回答不理想而以为老师不喜欢他。了解到这种情况以后，我们当家长的该怎样帮助孩子呢？

一位爸爸是这样做的：儿子回到家把书包一扔，生气地说："讨厌我们语文老师！学习好的那几个学生问她问题，她脸上能笑开花；我们学习一般的同学问她问题，她就说'课堂不认真听讲，这题讲过了都不会？'，现在我连语文课都不愿意上了！"儿子说着，一脸的不高兴。

"儿子，我觉得最好的办法不是不学语文。"说到这里，爸爸停了一下。

儿子很好奇，"那是什么？"

"是把语文学得比她喜欢的学生还要好！我暗自用功，一考试我就考到前几名。反正学习是为自己学的，不是给语文老师学的。你说，这样语文老师会不会大吃一惊？"爸爸笑着说。

"就是！估计她会惊呆！"儿子也大笑起来。

学习好坏与学习态度密不可分，只有态度端正了，成绩才有可能提高。相信绝大多数老师是公正的，即便个别老师真的对学习成绩好的同学"偏心"，那你学习好了，老师不就把心"偏"到你这了吗？这些道理，只要家长引导到位，孩子就会慢慢体悟到。

为了引导孩子正确对待师生关系、同学关系，一位家长曾让在幼儿园的儿子每天出门背三句话："老师批评我是为我好，不要生气"，"团结友爱，互相帮助"，"自己的事情自己做，不要靠别人"。为什么要让他背这三句话？目的就是想让孩子从小形成正确的世界观、人生观、价值观。

儿子两岁半进幼儿园小班，这时候别的小朋友已经去了半年了。因为去得晚，刚开始是别的小朋友打他，后来是他打别的小朋友。一次，他告诉爸爸："爸爸，幼儿园的小朋友都叫我老大。"当时爸爸正在给他穿衣服，随口问道："儿子，老大是干什么的？"儿子神气地说："老大你都不知道？老大就是打人的呗！"听到儿子的解释，爸爸笑了："儿子，哪有打人的老大！你说的那是打手，人家老大从来都是只动嘴、不动手。"

因为打人，老师没少批评他。有时候妈妈到幼儿园接他，就有一大群小朋友围上来告状。后来发展到他一到幼儿园，老师的第一件事情就是给他剪指甲，并且把指甲磨得光光的，害怕他把人抓伤。就在这种情况下，他还把一个挡住不让他接水的孩子的脸抓破了"。

当爸爸妈妈带着儿子拿着礼物去看望被打伤的孩子时，这位家长的态度非常端正:"没关系,小孩子之间打打闹闹很正常。脸上这点儿伤,不算什么。"家长话还没有说完,两个孩子就已经跑到一边玩去了。

三、第三句话:有什么需要爸爸妈妈帮助的吗

为什么要问孩子这句话?问这句话的目的就是想让孩子明白,在他成长的道路上,一直有爸爸妈妈的陪伴,他并不孤单。

作为家长,在孩子需要的时候提供力所能及的帮助,既是一种责任,更是一种义务。但是,这种帮助必须限定在一定的范围内,不能演变成包办和替代。然而,很多家长意识不到这一点。在孩子需要陪伴时,他缺席;在孩子需要成长时,他代替。

1. "妈宝男"补考

一位高职五年制的老师讲述了一件事。一个学生在妈妈的陪伴下,来找老师补考。妈妈一脸焦急,楼上楼下跑得满头大汗,手里拿着两张纸,上面密密麻麻地写着补考科目、老师地址、注意事项等。学生若无其事地跟在妈妈身后,好像是妈妈不及格,他陪妈妈来补考的。

这位老师一看就有些不高兴了,心想:"这样不把孩子害了吗?怎么能这样当家长呢?"所以,当学生的妈妈想开口时,老师用手势制止了她,并且微笑着说:"请让孩子自己说,好不好?相信他自己能说清楚。"

"说吧,怎么回事?"老师把目光转向学生。

看到老师问自己,学生不得已从妈妈身后转了出来,站在老师面前怯怯地说:"老师,我是补考的。"

"声音能不能再大一点儿?补考哪一门?"

学生犹豫了一下,从妈妈手里要过来那张写满补考科目的纸,查找了半天,抬起头来:"我补考《思想道德与法治》。"

"为什么不及格?当时要求的作业都做了吗?"

"没有。"

"连作业都不做,老师怎么给你分?"老师也不着急,还是微笑地看着他。

"老师,我错了!我现在补,行不行?"

看到学生态度还算端正,老师打开电脑,把补考要求调出来,让学生上前记录。这时候,妈妈赶紧走上前来,看样子也想记录一份。

"您就歇一会,让孩子自己记吧!要相信他!"听了老师的话,妈妈赶紧

停了下来。

学生拿出纸笔，把补考要求记录了下来。

"有什么不清楚的吗？"老师问。

"都清楚了！"学生说。

"那就好！按照要求准备，交过来就行了。注意截止日期！"

"好的。我会按时送过来的！谢谢老师！"

这时，老师转向妈妈："您感觉孩子刚才做得怎么样？"

"做得挺好！"妈妈说。

"刚才做得确实不错，思路清晰，语言得体，值得表扬！"老师把目光转向学生，话锋一转："是你补考还是妈妈补考？以后自己的事情要自己做。这么大热的天，让妈妈跟着你楼上楼下的跑，你就不心疼吗？以后自己来办，能记住不？"

"能。"学生满口答应。

这时候，老师看到妈妈在抹眼泪，不知道是因为难过还是因为欣慰？

孩子上学五年，当家长的从来不关心，在需要您陪伴的时候，您在挣钱，您在打麻将，您在潇洒，让孩子"自由生长"。自由倒是自由了，生长成什么样子，是不是符合自己的预期，就不一定了。看到孩子拿不到毕业证，学业要荒废了，再赶紧陪着来补考，担心孩子记不住，恨不得亲自上。是您补考，还是孩子补考？您究竟想把孩子培养成什么样的人？

2. 做父母的四个层次

有人说，做父母有四个层次：第一个层次，肯为孩子花钱；第二个层次，肯为孩子花时间；第三个层次，肯为孩子学习；第四个层次，肯为孩子改变。

（1）肯为孩子花钱　孩子不仅是父母的心头肉，更是整个家庭的希望。为了让孩子得到更好的教育、过更优质的生活，父母努力工作，不辞辛劳。很多父母宁愿自己苦一点儿、累一点儿，也不愿意让孩子受半点儿委屈。所以，绝大多数父母都肯为孩子花钱。

肯为孩子花钱是应该的，但钱要花在正确的地方。为孩子吃饭穿衣花钱，为孩子上学花钱等都是必要的，但一味地追求名牌则是不必要的。为孩子购买奢侈品等，容易助长孩子的攀比心理，对孩子的成长并不利。

（2）肯为孩子花时间　很多在外工作的父母有时候很委屈："我在外面辛辛苦苦打工挣钱养家，孩子还说我不爱他，回到家也不理我。人家孩子有的我给他买了，人家孩子没有的我也给他买了，他还不满意。真不知道该怎么办才好！"

的确，在外打工是很辛苦的，但把孩子留给爷爷奶奶也是不妥的。爷爷奶奶年事已高，容易溺爱孩子不说，金钱能代替父母的陪伴吗？"教育孩子不能等"，现在你忙着工作挣钱，顾不上孩子，等孩子出了问题就晚了。

来自父母的陪伴是孩子健康成长的可靠保证。即便和孩子不在一起，距离也不再是问题，现在网络这么发达，与孩子视频聊天，或者直接建个家庭群，有什么想法都在群里分享，让孩子时刻感到父母就在身边，不可以吗？时间也不是问题，再忙总有休息的时候吧？孩子给父母留言，如果是急事就向领导请一会儿假，领导也会理解；如果不是急事的话，就趁休息时再给孩子回复，孩子也是可以理解的吧？

我儿子读高中时，最后一个学期在校外租房居住，我们要求他平时和住校生一样，晚自习放学以后再回到住处休息。除了睡觉的地点变了，其他都和住校生一样。为了不影响孩子，尽管房子足够大，我们还是让他一个人住。

白天上了一天课，晚上放学以后回到住处，儿子都要给我们打电话，讲一下当天的收获。不管有多累，他妈妈都要等他打电话。有时候我不在家，他妈妈就把与孩子通话的情况告诉我。

为了给儿子补充营养，妈妈做了好吃的，晚上趁儿子上自习的时候送去放到房间里。感觉牛奶、水果吃完了，就趁下班过去买了放进去就走。除了生活上的关心之外，妈妈还加了一个高考群，发现有价值的资料就整理出来，给儿子送去。这些情况被儿子的同学知道以后，他们羡慕不已，我爱人也成了儿子同学口中"别人家的妈妈"。

儿子考上大学以后，虽然离家不太远，但由于我和他妈妈工作都很忙，儿子因为学习任务重也很少回家，我们就在微信上建了一个小群"三人行"。儿子有情况就在群里留言，我和他妈妈谁看见谁回复。我们有什么安排，也在群里留言，这样儿子也可以随时掌握我们的情况。晚上不忙了，有时候就三方视频通话。就这样，即便儿子一两个月不回家，也没有陌生感。

(3) 肯为孩子学习　为孩子学习是必要的。现代社会的发展日新月异，孩子生活的环境与父母小时候生活的环境已经千差万别，吃、住、行、用、玩都发生了很大变化。就拿目前让家长和班主任头疼的手机来说，我小时候就不存在这个问题，因为那个时候根本就没有手机。1995年，我参加工作以后才有了传呼机，先是数字后是汉显，后来又有了小灵通。但这些也都仅仅局限在交流信息上，不存在上瘾不上瘾的问题。智能手机出现以后，尤其是在与网络游戏完美结合以后，手机就不只是交流的工具了，还成为娱乐的工具，这才有了上瘾不上瘾、影响不影响学习的问题。在这样的时代背景下，如何引导孩子正确使用手机成为摆在家长和班主任面前的重要课题。

爱学习的家长会想尽一切办法了解、跟随时代的脚步，让手机成为学习的工具、工作的工具、成长的工具；不爱学习的家长会视手机为洪水猛兽，不但自己不用，也不让孩子用，试图将孩子隔绝封闭在非智能时代。这既不明智，也不现实。

曾有高考语文试卷要求考生阅读材料，根据要求写作："据近期一项对来华留学生的调查，他们较为关注的'中国关键词'有一带一路、大熊猫、广场舞、中华美食、长城、共享单车、京剧、空气污染、美丽乡村、食品安全、高铁、移动支付。请从中选择两三个关键词来呈现你所认识的中国，写一篇文章帮助外国青年读懂中国。"其中，"共享单车""移动支付"都离不开智能手机，如果你的孩子没用过智能手机，你让他如何答题？有的人可能会说，那不是还可以选别的关键词答题吗？考试问题好说，那么考试之外呢？当前，手机已经成为一种生活方式，甚至网络电子身份证都有了，如何能拒绝手机？

肯为孩子学习，表现在与孩子共同成长上。一位年轻领导到我们单位检查工作，他知道我在教育孩子方面有些心得，工作之余他问我："涂哥，我闺女1岁半了，有点逆反，给我愁死了。"

我一听就乐了："闺女才多大，你就给贴一个这么大的标签？你能不能给我讲讲具体情况？"

"可以啊！比如喝奶粉，妈妈给她放了三勺，她自己也要放三勺，不同意就闹，躺在地上打滚，最后还是我打她一顿才喝。"

"这哪里是逆反？人家是想学习，她是在模仿妈妈。"

"那怎么办？她想干什么就由着她吗？"

"我给你提个建议，再拿一个杯子。问她：你看清妈妈怎么放的没有？她会说，看清了。那好，咱们再冲一杯。你说：是妈妈放？爸爸放？还是宝宝放？宝宝肯定会说：宝宝放！宝宝放！好，那就让她放。然后她就放了三勺。再把妈妈放的奶粉拿来比较一下，看是不是一样多。这时候，宝宝就会发现，她的少。然后，让她找原因。

"通过比较，她就会发现，妈妈每次是一满勺，她每次是半勺。接着，再让她补放三勺，直到一样为止。然后就可以问问宝宝：这两杯奶粉，哪一杯现在喝，哪一杯晚上喝？宝宝肯定选自己放的那一杯先喝。你看，在这个过程中，她学会了放奶粉，还知道了'半'的概念。多好啊！"

"看来我还得学习啊！"我这么一讲，这位宝爸马上明白了，原来自己误解了孩子。

随着孩子年龄的增长，爸爸妈妈通过学习把握孩子成长的规律，在教育孩子过程中，才可以少走些弯路。

(4) 肯为孩子改变　一天，妹妹发给我一段发言稿，让我修改。我一问才知道，原来她参加了外甥女所在小学的"21天智慧父母助学营"，被选为优秀家长代表上台发言。

> 各位领导、老师、家长朋友们，大家下午好！
>
> 我是五五班学生的家长。首先我要特别感谢××小学各位领导，让我有幸参加智慧父母助学营。在这21天学习中，聆听、学习、领悟、成长陪伴着我……
>
> 我是一个急性子的妈妈，很容易发脾气。其实在教育孩子方面，我也知道首先要沟通，万事好商量。但是只要碰到孩子做事令我不满意的地方，就控制不住自己。每次感觉效果都特别明显，只要我生气发脾气，孩子就很乖，很听话。后来我发现她慢慢长大了，学会了当面一套背后一套，有了自己的小心思。她会想办法避开我，有时候甚至因为怕挨批挨打而撒谎。其实我也明白，孩子这样做只是不想让家长生气。但是她越是这样，我的脾气就越大，很难控制自己。
>
> 当我正在困惑的时候，"智慧父母助学营"向我敞开了怀抱。早晨伴随着群里家长们的心得体会开启了一天的美好学习之旅。老师还会发很多成功的案例，激励我们坚持不懈。每天下午老师会以授课的方式，教我们遇到事情要先冷静下来，除此之外，老师还关注着我们的打卡情况，会在群里鼓励我们做好孩子的楷模，做个好的领头羊，为了孩子先改变自己。如果我们都不想学习，21天都坚持不了，那如何说服孩子好好学习，改变自己呢？
>
> 想让孩子改变，家长就必须给孩子做个榜样。例如打卡。我每天早上起来第一件事就是打卡，并不是为了完成任务，而是对自己生活的感悟和

反思。打卡的时候我会对自己说：我昨天没有对孩子发脾气，孩子很开心。我会静静地坐下来微笑地倾听孩子的心里话，看着孩子兴高采烈地和我聊起学校里有趣的事情。我知道，我在进步，我今天要加油，我要坚持下去。

一次，吃早饭时，女儿一手端碗一手拿书。在我刚想提醒她吃完饭再看书时，只见整碗饭全部倒在了衣服上，我的火气蹭一下就冒出来了。刚想发脾气，想到了老师说要深呼吸，我就闭上眼睛冷静三秒，神奇的事情发生了，我发现自己的火气散去了，情绪慢慢好了起来。

还有一次，她把打开的墨水瓶放在了桌子边上，一会儿的时间就忘记了，自己用胳膊碰掉在地上了，洒了一地。我立马告诉自己，要冷静。在我还没有说话的时候，孩子立马说，妈妈我忘记了，以后不会了，我马上收拾，看着孩子慌忙打扫卫生，想尽一切办法擦干净，努力弥补过错，心里很安慰。看来冷静地等待胜于大喊大叫。

这次学习虽然只有21天，我的收获还是很大的，21天学会让自己冷静，努力实践。我和女儿的关系正在发生微妙的变化，变得越来越融洽，越来越和谐。

可喜的是女儿也变得更爱学习了，只要有人愿意给她讲题，她就会认真听。放学还会积极主动地给我讲学校的事情，今天学会了什么、悟出来了什么道理，以及自己的不足。学会了反思，会主动好好学习，自己要求自己做一个让家长和老师省心的好孩子。

21天助学营让我和孩子一起成长，一起进步，感谢这些天老师们的辛苦付出，谢谢大家！

妹妹的发言稿让我感动。学习之后，她为孩子做出的改变让我刮目相看。外甥女是幸福的，有这么一个愿意为了她改变自己的妈妈，相信她将来一定会开心地成长。

我经常接到陌生家长的求助。

一位家长感到十分困惑："我这孩子怎么不爱学习呢？愁死我了！"我问她一个问题："您爱学习吗？"然后，她就不说话了。

孩子在一旁写作业，您在旁边看电视，音量还不知道调低，能不影响孩子学习吗？

一位妈妈经过孩子班主任的推荐，读了我的书《爱的智慧：班主任管理札

第六章 家校互动

记》之后联系我:"涂老师,我的孩子上初二,现在无论如何也撑不到学校去。我想问问您,我该怎么办呢?"

"你们目前的工作怎么样?累不累?收入应该还不错吧?"

"工作挺好,也比较清闲,收入也不低。"

"那你们平时有什么爱好没有?"

"爱好?"她一时没有明白我的意思。

"就是下了班之后喜欢干什么?"

"哦,就是打打麻将什么的,也没有别的爱好。"

家长收入还不错,也没什么压力,平时爱打麻将,这对孩子会有什么暗示?"你们经常打麻将能生活得这样舒服,我为什么还要学习?"

父母如果平时不能表现出自己对知识的尊重和对学习的向往,沉迷于打麻将,孩子就会失去学习的动力。这时候,您也就不用埋怨孩子不学习了。

"我建议您和您爱人改掉打麻将的习惯,尝试去读书、学习,并且请孩子指导你们。让孩子了解你们的苦恼,这样他自己就会得出结论:'知识就是力量''知识改变命运'。经过这样的暗示之后,相信您的孩子会有所改变的。"

"好的,我回去和他爸爸商量一下。"

这位妈妈回去以后商量的怎么样,有没有做出改变,我没有得到反馈。但我相信,她应该明白了一点,孩子走到今天,和家长有很大的关系。身教重于言传,如果想要孩子改变,自己首先要改变。

以上四个层次其实也是四种境界,做父母的都可以对照一下,看看自己处在哪个层次。班主任也是家长,也可以对照一下,看看自己处在哪个层次,然后观察您的学生,从学生的表现也能大致看出父母的层次。要想学生改变,首先要引导学生的父母做出改变。在教育学生的同时,还要引导家长,这既是班主任的责任,更是班主任的使命。

后　记

撰写《爱的智慧·理念篇：班主任践悟有方》这样一本书，对我来说是一个巨大的挑战。尽管我本科、硕士读的都是思想政治教育专业，工作后在从事思想政治理论课教学的同时兼做学生管理工作，但从理念这个层面入手，对我来说困难重重。

班级到底应该怎样管？解决我国班级管理问题，必须用我国智慧；管理我国班级，必须用我国的方法。国家以人民为中心，学校以学生为中心。国家，坚持依法治国；班级，也应该坚持以规治班。国家，坚持以德治国；班级，也应该是以德育人。推进班级管理体系和班主任管理能力的现代化，应该在继承前人智慧的基础上，坚定文化自信，与时俱进。

王阳明有云："破山中贼易，破心中贼难。"坚持以规治班是为"破山中贼"，是梳理负面清单，抑制"人心"，是为治标；坚持以德育人为"破心中贼"，是强化正面清单，弘扬"道心"，是为治本。要想实现标本兼治，就必须以学生为中心，坚持以规治班，坚持以德育人。

在这里，"以规治班"的"规"必须"合规"，而判断是否"合规"的唯一标准就是是否"以学生为中心"；"以德育人"的"德"也必须"合德"，而判断是否"合德"的唯一标准就是是否做到了"以学生为中心"。

《论语·卫灵公》记载，一次，孔子问子贡：赐呀，你认为我这个人，就是书读得多，又都记得住吗（赐也，女以予为多学而识之者与）？子贡惊异地说：是啊！难道不是吗（然，非与）？孔子说，当然不是（非也）！我是靠一个东西来贯通它（予一以贯之）。我在本书中围绕六个维度洋洋洒洒写了这么多，也有一个基本观点"一以贯之"，这就是：以学生为中心，坚持以规治班，坚持以德育人。其中，以学生为中心是工作的立足点和出发点，坚持以规治班，坚持以德育人是方法和手段。

本书终于付梓了，我心中既高兴，又忐忑。高兴的是，从构思到完稿，本书历时七年多，终于要和读者见面了；忐忑的是，由于结构和水平所限，难免挂一漏万。不当之处，还请各位读者批评指正。

最后，感谢为本书出版付出心血的亲朋好友，感谢读者一直以来的支持和厚爱！